Antonio Mira de Amescua

Amor, ingenio
y mujer

Edición de Vern Williamson

Barcelona **2024**
Linkgua-ediciones.com

Créditos

Título original: Amor, ingenio y mujer.

© 2024, Red ediciones S.L.

e-mail: info@linkgua.com

Diseño de cubierta: Michel Mallard.

ISBN tapa dura: 978-84-9897-282-5.
ISBN rústica: 978-84-9816-073-4.
ISBN ebook: 978-84-9897-114-9.

Sumario

Brevísima presentación

La vida

Antonio Mira de Amescua (Guadix, Granada, c. 1574-1644). España. De familia noble, estudió teología en Guadix y Granada, mezclando su sacerdocio con su dedicación a la literatura. Estuvo en Nápoles al servicio del conde de Lemos y luego vivió en Madrid, donde participó en justas poéticas y fiestas cortesanas.

Personajes

Rey, lacayo gracioso
Criados
Domicio, viejo gracioso
Don Enrique de Aragón
Dos médicos
El Marqués
El rey de Sicilia
Fabio, criado del Marqués
La duquesa Serafina de Montehermoso
La Infanta Matilde
Pompeyo, mayordomo

Jornada primera

(Salen el Rey, Pompeyo el mayordomo, y criados.)

Pompeyo
                Solo a vuestra majestad
se aguarda.

Rey
                        Pues, ¿ya ha llegado
el cardenal?

Pompeyo
                       Ya ha dejado,
con su rara autoridad,
  muda la Envidia. A su ejemplo,
los grandes del reino todos
hacen por diversos modos
esfera del Sol el templo.
  Y en Sicilia, que está ufana
con Carlos, a ver juralle,
cabe un Sol en cada calle
y un cielo en cada ventana,
  por donde las damas bellas
ostentando su alegría,
se muestran, cual a porfía,
en la noche las estrellas.

Rey
                ¿Viene el Príncipe?

Pompeyo
                        Ya acaba
de vestirse.

Criado I
                  Incomparable
es su hermosura.

Pompeyo
                  Admirable

su belleza.

Criado II   No imitaba
                               la regia severidad
                               Augusto con tal valor.

Pompeyo   Él es natural señor
                               del reino y la voluntad.

(Sale el príncipe, que es la Infanta Matilde, bien aderezado, con capa y gorra.)

Infanta   El perdón de haber tardado
                               me dé vuestra majestad.

Rey   Merécelo tu humildad.
                               Si en algo hubieras errado,
                                  tiempo hay bastante; y primero
                               a solas te quiero hablar.

Infanta   Haced luego despejar
                               la sala; obediente espero.

(Vanse los criados.)

Rey   Ya tendrá clara noticia
                               de aquella ley tan tirana
                               que tuvo en Roma principio,
                               dándole por nombre salia.
                               Ley que a las hembras prohibe
                               heredar, y que se guarda
                               con inviolable costumbre
                               en Sicilia como en Francia.
                               ¡Dura ley! ¡Pluguiera al cielo
                               que de sus duras palabras

10

salieran llamas veloces
que a su inventor abrasaran!
Pues no desmerecen, no,
las valerosas hazañas
de las mujeres famosas
que las historias alaban.
El bárbaro no advertía
que varias historias hablan
de mujeres valerosas
por las letras y las armas,
para no agraviar así
cuántas en valor igualan
a las pasadas ilustres
mujeres. Si fue venganza,
bien lo ha mostrado su efecto,
que tanto su ser agravia.
Yo, pues, temiendo si acaso,
viendo tu madre preñada,
pariese hija que diese
fin al reinar a mi casa;
porque siendo así, venían
a este reino y le heredaban
los hijos de un mi enemigo,
que quiso por acechanzas
darme la muerte un mi hermano,
que huyendo de mi venganza
salió de Italia, previne,
según el caso importaba,
escribanos y matronas
que diesen fe, pero falsa,
si importante. Llegó el día
en que viste al Sol la cara;
murió tu madre del parto;
partió a la región más alta.

Criéte con el cuidado
que al grave caso importaba,
encomendado a la industria
vencer la suerte contraria.
Los que sabían del caso
ya todos del mundo faltan,
y solo en los dos consiste
del secreto la importancia.
Tan varonil te he criado
que en tus acciones se engaña
la propia naturaleza.
Hoy, pues que el reino te aguarda
para jurarte, he querido
saber si Amor, que a las plantas,
a las aves y animales
rinde a su púrpura y nácar,
obligando con su fuego,
a ti te provoca y llama
al nombre de madre, y quieres
serlo. Aquí me desengaña
porque yo lo diga al reino,
que convocado te aguarda,
y trate tu casamiento
en Italia o en España.
Y si por el cetro olvidas
tu ser, imitando a tantas
que en más extraña clausura
y por menos esperanzas
viven, podrás, imitando
la Semíramis bizarra,
dar leyes a aqueste reino
y dar contento a estas canas.
¿Qué me respondes?

Infanta	Señor, que si por ley heredaran hembras tu reino y que fuera preciso que yo mostrara serlo, el ser reina perdiera por encubrir esta falta; porque si aquella opinión de los filósofos de Asia, que dicen que en otros cuerpos suelen mudarse las almas, fuera católica y firme, justamente blasonara que el alma del griego Aquiles mi experiencia gobernaba.
Rey	¿Qué más pudiera escuchar si en Macedonia aguardara esta respuesta Filipo de su Alejandro? Descansa en mis brazos, hija mía.
Infanta	Aun con los ecos me infamas; olvida, señor, tal nombre, si mi obediencia te agrada.
Rey	Mira si estimo tu brío, pues que sirvas a las damas te aconsejo.
Infanta	Desde hoy, otra Venus más gallarda, sirvo a la hermosa duquesa de Montehermoso.

Rey   Bien andas.

(Sale un Criado.)

Criado   Ya está todo apercibido.

Rey   Ven, príncipe.

Infanta   Vamos.

Criado   ¡Plaza!

(Vanse y salen Enrique, galán, y Castaño su criado.)

Rey   Pienso que hemos de morir
                             en Sicilia desterrados,
                             de dos diluvios cercados
                             para no poder salir.

Enrique   Cércale el mar con espumas
                             y las montañas con fuego.

Rey   Que nos volvamos te ruego;
                             que no es razón que presumas
                               del rey de Aragón, tu tío,
                             que ha de durar el enojo.

Enrique   Por medio el vivir escojo
                             aquí.

Rey   Gentil desvarío.
                               ¿Dónde comen macarrones
                             quieres vivir?

Enrique	Fuerza es,
	pues procede como ves
	de tan justas ocasiones.
	Yo soy segundo en mi casa
	y tan pobre caballero,
	que en vano de España espero
	más favor.
Rey	Anduvo escasa
	contigo, que yo también
	soy de mi casa el noveno.
Enrique	De mi casa me enajeno
	para buscar mayor bien.
	Entre todos mis criados,
	por prudente y por leal,
	hice de ti más caudal
	para fiar mis cuidados;
	y pues está obligado,
	agora mi intento advierte.
Rey	Cualquier fortuna divierte
	un ingenioso criado.
(Aparte.)	(No se entienda que lo digo
	por mí.)
Enrique	Pues, oye mi intento.
Rey	Sombra de tu movimiento
	he de ser.
Enrique	Castaño, amigo,
	ya sabes que me hospedó
	en Nápoles con afable

15

término el gran condestable,
y la condesa me dio
   cartas para la duquesa,
su prima, en quien he hallado
tal favor.

Rey   Gentil bocado,
si no hubiera ley expresa
   de que no hereden mujeres
en Sicilia.

Enrique   Sin que herede
a su hermano, hacerme puede
dichoso.

Rey   Di lo que quieres.

Enrique   Tiene de por sí un estado
rico y, cual ves, pobre soy,
y sé que a sus ojos doy
un apacible cuidado.

Rey   Pues sigue, señor, la empresa.
Pues te llama la Ocasión
a tan dulce pretensión,
solicita a la duquesa;
   que ya reviento por verme
en Italia señoría,
que aunque es común cortesía,
podré del «vos» defenderme.

Enrique   Como te digo, me estima,
y con pecho nada ingrato
me pidió ayer un retrato,

con que mi esperanza anima;
   pero no sé de qué suerte
podrá a sus manos llegar.

Rey

¿Qué? ¿Te atreves a dudar
de aqueste ingenioso? Advierte.
   Su hermano, el duqueso, está
enfermo, mas es cansera.
Dame el retrato y espera
en la calle. Muestra acá
   esos guantes. ¿No hay visita
de médicos?

Enrique

                  Ya han entrado.

Rey

Pues médico soy, que el grado,
cualquiera lo solicita
   por dinero; en conclusión
todo médico me infundo
que tendrá en el otro mundo
su lugar junto a Lerón.
   Y de su impiedad lo infiero
pues, obediente a su voz,
viene el verdugo feroz
con la capa del barbero,
   y sin moverse a piedad
de la dueña resfriada,
le da cinta colorada,
símbolo de la crueldad.
   ¡Oh, mal nacido Interés!
¡Lo que puedes ambicioso!

Enrique

Pero mira, que hay celoso
competidor.

Rey   ¿Y quién es?

Enrique   El marqués.

Rey   Aunque murmure,
                         Yo me atrevo a asegurar
                         que ha de venir a enfermar
                         solo porque yo le cure.
                            Vete. Aguarda donde digo;
                         que aquí sale un pajezuelo.

Enrique   Déte su favor el cielo.

(Vase Enrique.)

Rey   ¿Cómo en un campo enemigo,
                            sin que puedan agotallos,
                         hay médicos Sacripantes
                         que matan dos mil infantes
                         y cuarenta mil caballos?
                            ¿Pero cómo puede ser,
                         que habiendo caballería,
                         le toque a la infantería?
                         Mas, ¿Quién ha de echar de ver
                            que en la batalla trabada
                         de albéitares y doctores
                         vienen a ser los mejores
                         los que no curan de nada?

(Sale Domicio, vejete.)

Domicio (Aparte.)   (Que éste es médico barrunto.)

Rey	¿Quién son de la junta?
Domicio	Son el doctor Julio Polión...
Rey	Por el número pregunto.
Domicio	Cuatro son.
Rey	Pues avisad que un médico forastero quiere ver al duque.
Domicio	Espero que os pagarán la amistad. Su hermana, que al Sol alegra, sale y la podéis hablar.

(Vase Domicio y sale la Duquesa.)

Rey (Aparte.)	(Ya me muero por matar. ¡Oh, quien topara una suegra!) Señora del alma mía, ¿puédote hablar?
Duquesa	Sí, Castaño.
Rey	Menos que con este engaño, que la sospecha desvía, fuera imposible el hablarte; que éste es el vero retrato de aquél que, a su patria ingrato, vive solo de adorarte. Médico soy contrahecho;

guárdese el que me creyere.

Duquesa Mientras el Duque estuviere
mal, será de provecho
  la industria.

Rey   Si importa así,
deja que una vez le cure,
para que el engaño dure
un siglo.

Duquesa   Dichosa fui
  en ver lograda mi fe
en tu ingenio y tu señor.

Rey Esclavo de este favor
soy; dime, ¿qué le diré
  a Enrique?

Duquesa   Que me ha enviado
prenda tal, que me contenta,
y que corre por mi cuenta
agradecer su cuidado;
  y que esta tarde me vea
porque tengo que tratar
con él.

Rey   ¿Cómo te ha de hablar?

Duquesa Con aquesta carta sea,
  que de mi prima he tenido,
y dirá vino en su pliego.

Rey (Aparte.) (¡Por Dios, que es diestra en el juego!

¡Bien el caso ha prevenido!)

Duquesa   Pues, vete, porque no demos
en casa que sospechar.

Rey   Primero he de visitar
al Duque; no nos fiemos
de los que le están curando,
que nos le podrán matar.

Duquesa   ¿Atreveráste a curar?

Rey   Muy presto.

Duquesa   ¿Cómo?

Rey   Matando.

(Vase Castaño y queda la Duquesa. Sale Domicio, vejete, muy alborotado.)

Domicio   Señora, la novedad
encarezco, no el suceso.

Duquesa   ¿Qué queréis decir en eso?

Domicio   Si importa la brevedad,
yo lo diré, que me precio
de compendioso.

Duquesa   Dejad
las arengas y abreviad;
que dais de prolijo en necio.
Decid a lo que venís.

Domicio	Pues, ¿es buñuelo?
Duquesa	Es la muerte.
Domicio	El príncipe viene a verte.
Duquesa	¿De ese modo lo decís?
Domicio	Pues, si me doy a entender, ¿es mal modo habl[ar] poesía que has menester todo un día para poderlo entender?
Duquesa	¿El príncipe? Estoy turbada; cosa es nueva.
Domicio	Causa tiene la novedad. Hélo. Viene el moro por la calzada.

(Salen la Infanta, que es el Príncipe, Pompeyo y criados.)

Duquesa	Pues, ¿cómo, señor, el día en que estáis tan ocupado y Sicilia os ha jurado honráis la memoria mía? Si lo hacéis por imitar los césares que triunfaban, que con prudencia buscaban ocasión con que templar su gloria, imitando aquí su estilo...
Infanta	El de Roma quiero

saber, duquesa, primero,
para saber si es así.

Duquesa Entre diversas naciones,
entre arneses abollados
de los bárbaros soldados,...

Domicio Y entre sangrientos pendones,...

Duquesa ¿Quién os mete en eso a vos?

Domicio Sé mi poquito de historia.

Duquesa ¿De eso tenéis vanagloria?

Domicio Mejor salud me dé Dios.

Duquesa Entre el imperial decoro
y el aplauso popular,
saliendo el triunfo a gozar
en carros de perlas y oro,
que así a su lado llevaba,
virtud moral parecía,
quien a voces repetía
las faltas de quien triunfaba;
porque si acaso cobrase
con el triunfo presunción,
tuviese luego ocasión
con que la gloria templase.

Infanta Con fin diferente vengo,
duquesa, si bien se advierte;
pues en la gloria de verte
librado mi triunfo tengo.

Y para tener en él
seguro el honor que gano,
vengo a que de vuestra mano
me adorne el verde laurel.
    Decid que nos dejen solos.

Domicio   ¿Y cerraré las ventanas?

Infanta   Si en belleza son Dianas,
serán en la luz Apolos,
  y será bien los veamos
a su mismo resplandor.

Domicio (Aparte.)   (El trae nublados de amor.
Verálos un lince.) Vamos.

(Vanse.)

Infanta   Duquesa, el atrevimiento
victorias de amor adquiere,
que vemos que Amor se muere
en su mismo alojamiento.
  Ni terceros ni papeles
pide mi intento amoroso,
que en su efecto riguroso
serán, por tibios, crueles.
  Vos sois divino sujeto
de mi amor, y no penséis
que en la libertad que veis
os he perdido el respeto;
  que así a decirlo me obligo
y es fuerza que lo sepáis.
Mejor es que lo entendáis
siendo Amor solo testigo.

Duquesa	Agradecida al favor
	quedo de vuestro cuidado,
	aunque habérmelo callado
	hubiera sido mejor;
	que en mí tal estado alcanza,
	no obstante que sois mi rey,
	que el parentesco y la ley,
	acorta vuestra esperanza;
	y así os quiero suplicar
	tiréis la rienda al deseo,
	que os entrega por trofeo
	a quien no os puede premiar.
Infanta	Tan resuelto llego a veros,
	que miro en vuestro rigor
	que nace de ajeno amor,
	duquesa, no enterneceros.
Duquesa	Injustamente culpáis
	cumplir con mi obligación.
Infanta	Crece mi ardiente pasión
	en ver que la desdeñáis.
	Y como mi firme amor
	en obligaros porfía,
	pediros, mi bien, querría
	algún honesto favor;
	no porque pueda obligaros
	a imaginar que me amáis,
	sino en señal que me dais
	licencia honesta de amaros.
Duquesa	Que advirtáis ruego, señor,

	lo mal que me puede estar.
Infanta	¿Un guante os ha de faltar?
Duquesa	Pues, es batalla de honor.

(Vale a tomar la mano y ve el retrato.)

Infanta	¿Retrato, y de hombre, duquesa? ¿Veis como no me engañé?
Duquesa (Aparte.)	¿Qué importa, si yo no sé quién es? (¡Oh, cuánto me pesa!) 　Ayer al romano Apeles le pedí me retratase y para muestras sacase retratos de sus pinceles. 　Tomé éste de los más bellos, de una caja de retratos, para divertir a ratos el pensamiento con ellos.
Infanta	Duquesa, en amor no hay fuerza. Si el vuestro ha sido trofeo de las partes que en él veo, ¿quién habrá que su ley tuerza? 　Y así solo me animo a saber a quién amáis, para que luego veáis cuánto le amparo y estimo. 　No lo neguéis.
Duquesa	Que es forzoso...

Infanta	No tenéis por qué dudar;
	bien me lo podéis contar.
	Decid, que no estoy celoso.
Duquesa	Don Enrique de Aragón,
	en cuyo apellido
	se conoce que sus reyes
	dan a su casa principio,
	dejó a España con temores
	del rey de Aragón, su tío,
	porque el valor y nobleza
	tienen por premio el castigo.
	Llegó a Nápoles, adonde
	el condestable, mi tío,
	le hospedó, y dándole cartas
	para mí, a Sicilia vino.
	Diómelas, y de sus ojos
	los rayos de fuego vivos,
	lisonjeros del deseo,
	hicieron guerra a los míos.
	Hallé de nuevo cuidado,
	mi pensamiento vestido,
	y en sus ojos y en su voz,
	también vive el suyo escrito.
	Ésta ha sido la ocasión,
	señor, de haber resistido
	tu cuidado, porque él es
	el dueño de mi albedrío.
	Si es bizarro, ya lo veis;
	si valiente, ya os la he dicho;
	pero entre todas sus partes
	el ser discreto no afirmo,
	pues a serlo contradice
	estar tan favorecido.

Infanta	Por la buena información que en vos y en su rostro miro, disculpo nuestro rigor. Ya a hacerle merced me animo; que quiero que conozcáis vos por él lo que os estimo. Enviádmele, duquesa, para que esté en mi servicio.
Duquesa	Bésoos los pies, gran señor; pero pues que ya os he dicho el dueño, dadme el retrato.
Infanta	Quiero ver si es parecido al dueño; que los pinceles suelen con mudo artificio ser, acreditando engaños, muerta lisonja de vivos.
Duquesa (Aparte.)	(¡Que necia que hubiera andado si le hubiera encarecido sus partes a otra mujer!)

(Sale Domicio.)

Domicio	Un español ha venido con una carta.
Duquesa	Éste es. Decid que entre.

(Sale Enrique.)

Enrique   Ésta han traído
en mi pliego para vos.

Duquesa   En mucho el cuidado estimo.
Llegad a besar la mano
al príncipe.

(De rodillas.)

Enrique   Estoy corrido,
señor, de no conoceros
cuando a los remotos indios,
de vuestra rara belleza
llegan retratos divinos.

Infanta   Alzad.

Enrique   Permitid que llegue
al suelo, soberbio y rico,
el favor de ser alfombra
de vuestros pies.

Infanta   Bien me han dicho
vuestras partes. Levantad.
Decid, ¿qué os ha parecido
de las damas de Sicilia?
¿Pueden ya las que habéis visto
competir con las de España?

Enrique   Sin lisonjero artificio
respondo, señor, que es tierra
imagen del paraíso
donde hay tales hermosuras.
Las demás del mundo admiro.

Infanta	Si las hizo el cielo hermosas
	como a vos cortés os hizo,
	no dudo que podrán ser
	justa admiración del siglo.
(Aparte.)	(No finge nada el retrato,
	duquesa.)
Duquesa	(Bien lo acredito.)
Infanta	Pues, en Sicilia os halláis,
	empleaos en mi servicio
	y en mi cámara.
Enrique	A esos pies
	los labios humildes rindo;
	soy vuestra hechura.
Infanta	Advertid
	que desde agora sois mío.
Duquesa	(Por la merced que me hacéis,
	de nuevo el alma os obligo.)
Infanta	(Buen gusto tenéis, duquesa.)
Duquesa	(Señor, pues que ya habéis visto
	el original, volvedme
	el retrato.)
Infanta	(No es tan tibio,
	duquesa, el amor que os tengo
	que, si os lo doy, no me obligo
	a que, volviéndooslo, hagan

los celos en mí su oficio.)

Duquesa   (Pues, al dueño os encomiendo.)

Infanta   (Que le haré merced os digo,
más que vos le deseáis.)

Enrique   (Bien la Fortuna me quiso.)

(Vanse todos y salen el Marqués y Fabio.)

Fabio   ¿En qué te puede ofender
el príncipe en visitarla?

Marqués   ¿No es hombre? ¿No puede amarla?
¿No hay qué sentir ni temer?
   A no temer abrasada
el alma en mayores celos,
aumentará mis desvelos
esta ocasión no pensada.

Fabio   ¿Quién la puede pretender
con igualdad?

Marqués   No [me] impida
esa ocasión.

Fabio   En mi vida
vi tan servida mujer.

Marqués   Fuerza es que mi amor publique,
pues ella la causa ordena.

Fabio   Pues, da remedio a tu pena.

Marqués	Para eso he llamado a Enrique.
Fabio	Pienso que debes temer si es él que va a hablalla.
Marqués	¿Él había de ser? Calla, necio; aquí lo podrás ver.

(Sale Enrique.)

Enrique	Estimo, señor marqués, que de mí queráis serviros.
Marqués	Antes quiero advertiros que juzgo a gran interés saber que en Sicilia estáis; que estimo que hayáis venido porque ocasión haya sido para que de mí os sirváis. Conoced en mí un amigo, que tendrá ya por favor serlo de vuestro valor, por quien mi suerte bendigo.
Enrique	Poco pudieran valer mis partes a estar sin vos.
Fabio (Aparte.)	(Lisonjeros son los dos.)
Enrique	Pero en lo que puedo ser de vuestro servicio, espero que mandándome me honréis, cierto de que en mí tendréis

un amigo verdadero.

Marqués
El estar bien informado
de vuestro valor me obliga
a que de mi pecho os diga
el más oculto cuidado,
   satisfecho que podéis
empeñar vuestro valor
en los negocios de honor.

Enrique
Seguro decir podéis.

Marqués
   La duquesa...

Enrique
                    ¿Qué duquesa?

Marqués
La hermana del duque Octavio.

Enrique (Aparte.)
(¿Yo soy autor de mi agravio?
¡Cielos!)

Marqués
               Parece que os pesa
de oír mis penas.

Enrique
                         No es eso;
por ser mujer principal
y decir que os paga mal,
que me ha pesado os confieso.

Marqués
   Habla por unos balcones
a un embozado; y si empeño
la vida, he de ver el dueño
de tan locas pretensiones;
   que a mi lado vuestra espada,

no temerá mi osadía
los fuegos que exhala y cría
esa montaña abrasada.

Enrique   Que os serviré, imaginad,
cuando la Ocasión lo pida.

Marqués   Con el alma agradecida
reconozco esta amistad,
    que árabes tesoros son
corto premio a tanta fe.
Cuando importe, avisaré.

(Vanse el Marqués y Fabio.)

Enrique   ¿Hay más grande confusión?
    El lance de amor prevengo
más arduo de imaginar,
pues he venido a ayudar
al competidor que tengo;
    y que haya tan ciego abismo
que el más lince no lo entiende,
pues que contra mí pretende
hallar favor en mí mismo;
    y en iguales desvaríos,
aumentando mis desvelos,
iré confuso en sus celos,
y él irá ciego en los míos.

(Vase y salen el Rey, la Infanta y el Marqués.)

Rey   Hijo Carlos, ¿cómo vienes
de tanto gusto tan triste?
Alegre y bueno saliste.

¿De qué tal tristeza tienes?
　Si sabes que son dos vidas
las que padecen agravios,
mueve, príncipe, los labios
para que remedio pidas;
　que de tu mudo callar
y la pena de tus ojos,
creo que por darme enojos
no quieres, príncipe, hablar.

Infanta

　No sé mi mal os prometo;
pero si digo verdad,
conozco en la soledad
menos dañoso el efeto.

Marqués

　¿Y podrá causarte enfado
un acordado instrumento,
blanda lisonja del viento?

Infanta

Mucho, aunque venga templado,
　y aun húrtase el armonía
entre compases diversos
a los dulcísimos versos
que Mantua escuchó algún día.

Marqués

　Siéntate.

Infanta

　　　No me consueles.

Marqués

Medicina sea a tu mal
este rompido cristal
que va animando claveles.
　Mira aqueste margen frío
donde salen rosas juntas,

al Sol coronando en puntas,
para volver el rocío.
    Mira entre flores y peñas...

Infanta   Marqués, basta, que ya infiero
que soy huésped extranjero
a quien el jardín enseñas.
    Del dueño has de presumir,
cuando te llegue a escuchar,
licencia para admirar
pero no para advertir.
    ¿Tú piensas que puede haber
en término tan sucinto,
flor en algún laberinto
que se me pueda esconder?
    Pues, ¿por qué en discurso varios
me pintas flores y peñas?
Que lisonjero te enseñas,
o te precias de herbolario.
    Soledad busca mi pena;
vete.

Marqués   ¡Gran melancolía!

Rey   Pues de su mal la porfía
las potencias le enajena,
    vengan médicos que vean
al príncipe; su remedio
traten, aplicando un medio.

Infanta   Los que mi salud desean,
    sé que han de ignorar mi mal
y aplicar remedios vanos,
que no vieron los humanos

jamás otro mal igual;
   mas si vos de eso gustáis,
vengan médicos, señor.

Marqués   Con opinión del mejor,
que es bien que le conozcáis,
   cura un médico español
al duque de Montehermoso,
por sus letras más famoso
que por su eclíptica el Sol.

Rey   Pues, vámoslos a buscar,
porque de su salud traten.

(Vanse los dos.)

Infanta   ¡Qué de penas me combaten!
Cielos, ¿en qué han de parar?

   ¿Qué es esto, Fortuna mía?
¿Dónde me llevas así
con tan loco frenesí
que de mi ser me desvía?
No me acabe tu porfía
en tan confuso penar;
da a mi remedio lugar
y pues que nunca estás queda,
dame lugar en tu rueda
por tener qué derribar.
   ¿Qué mal no podrá tener
quien de [t]í su bien espera?
Si así te mueve ligera
un niño y una mujer,
¡ay de mí!, que vengo a ser

en el sufrir sin hablar...
¡Fuera! Mas bien es penar
y que tienen advertir,
mudar, razón de sufrir,
y yo, razón de callar.

(Salen el Rey, el Marqués, Castaño, de médico, y otros dos médicos y Enrique.)

Rey   Príncipe, en humanos medios
                       libra el cielo la salud,
                       y es cuerda solicitud
                       valerse de sus remedios.
                           Los médicos alcanzaron,
                       llenos de docta experiencia,
                       los provechos de esta ciencia.

Infanta   Dices bien. Los que estudiaron...

(Aparte.)

Enrique   (¿Hay suceso semejante?
                       Bárbaro, ¿en qué me has metido?)

Rey   (¿Qué he de hacer, si me han traído?)

Enrique   (Si eres un bruto ignorante,
                           ¿qué respuestas puedes dar
                       con que tu engaño autorices?)

Rey   (Pues, si por eso lo dices,
                       muy pocos saben curar.)

Enrique   (Si al primer intento mío,
                       pudiste ser de provecho,

agora en mayor estrecho
de remedio desconfío.)

(Los médicos dicen aparte.)

Médico I   (Agora es bien que mostremos
                        nuestro cuidado en saber
                        su mal.)

Médico II   (Darálo a entender,
                        si él calla, el pulso.)

Médico I   (Lleguemos.)
                        ¿Qué siente su alteza? ¿Tiene
                        su estómago alborotado
                        de alguna cosa?

Infanta (Aparte.)   (¡Qué enfado
                        este necio a darme viene!)

Médico I   ¿Ha tenido algún disgusto?

Infanta   Nada siento.

Médico II   Pues, veamos
                        el pulso.

Rey   Siempre curamos
                        los españoles al gusto
                            del enfermo.

Médico II   No hay señal
                        de fiebre.

Rey   La curación
                  es difícil. El pulmón
                  tiene extrañez. Tiene igual
                     todo vital nutrimento.

Marqués   ¡Es notable su agudeza!

Rey   Déme el pulso, vuestra alteza.
                  Sí, ha habido algún corrimiento
                     de humor vaporoso. Tiene
                  lánguida sofocación.

(Dice el un Médico al otro.)

Médico I   ¿Éstos, los médicos son
                  de España?

Rey   Templar conviene
                     las médulas. ¿Hay orina?
                  Mas no será menester.
                  Aquí es menester hacer
                  consulta la medicina;
                     retirémonos allí.

(Retírase con los médicos y dicen aparte.)

                  Señores, ¿qué les parece?

Médico I   Por lo que el pulso me ofrece
                  y las señales que vi,
                     su enfermedad se compone
                  de ojo maligno, y es llano
                  según lo escribe Eliano,
                  libro de Fascinacione;

y esto se deja inferir
por ser tanta la hermosura
del príncipe.

Médico II   Gran locura
es quererme persuadir
   que sea ojo, que Avicena,
si tales señales veía,
daba por melancolía
aquel mal; que aquella pena
   tan profunda está fundada
en abundancia de humor.
¿Qué dice el señor doctor?

Rey   Que entrambos no dicen nada.
   Vos nescitis quid petatis.
Este mal se llama en griego
cacatritutos, y es ciego
quien no lo ve.

Médico I   Satis, satis.
   Doctor, la consulta espere,
pero no se ha de alegar
más en griego.

Rey   Yo he de hablar
en lo que mi Dios quisiere;
   y hablaré sin ceremonia
turco, armenio y persa yo,
y en cuantas lenguas oyó
la torre de Babilonia
   porque los buenos doctores
algo han de saber en griego
[...........]

por ser lengua de aguadores
y lacayos.

Médico II   Yo me rijo
en esto por Avicena.

Rey   Ave como o ave cena,
no supo lo que se dijo.

Médico I   La misma opinión verás
en Hipócrates divino.

Rey   Confieso que bebo vino,
pero n[o] vino hipocrás.

Médico II   Diga autoridad alguna.

Rey   Gatatumba lo afirmó,
que es un autor que escribió
sobre la sarna perruna
   cien libros; y Galfarrones,
autor que en España vive.

Médico I   ¿De qué enfermedad escribe?

Rey   De la tos y sabañones.
   Y acredita la opinión
de los autores que alego,
que está su doctrina en griego.
¡Aprended, ignorantón!

Médico I   Vuestra merced ha alegado
autores sin opinión.

Rey   Físicos modernos son.

Marqués   A los dos ha barajado.
                 Mire vuestra majestad
               si sabe.

Rey   De la consulta
               aguardo lo que resulta.

Marqués   Tiene gran profundidad.
                 El rey la consulta espera.

Médico I   ¿Vuesamerced se conforme
               con mi opinión?

Médico II   Pues, informe
               al rey.

Rey   ¡Qué gentil zorrera!

Médico I   Señor, el príncipe está
               aojado, que su belleza
               da la ocasión.

Infanta (Aparte.)   (¡Qué simpleza!)

Rey   Pues, ¿qué remedio tendrá
               su mal?

Médico I   Fácil y seguro:
               tome, si agora se alienta,
               sahumerios.

Rey   No por mi cuenta,

médico silvestre y duro.
    ¿Dijera más un barbero
ni una comadre? Señor,
la enfermedad es mayor,
y este remedio es grosero.

Enrique   (Bárbaro, ¿qué es lo que intentas?
¿Quieres ponerme a peligro
de la vida?)

Rey   (¿Y no es mayor
el de los dos mediquillos?
Déjame y verás milagros.)
Licencia para hablar pido
al príncipe a solas.

Rey   Llega.

(Llégase a la Infanta.)

Rey   Por las señales que he visto
en tu rostro y la inquietud
de tu pulso...

Infanta   Habla.

Rey   Digo
que es tu enfermedad amor,
o yo quemaré mis libros
aunque he de quemar muy pocos.
(Aparte.)   (Seguramente me han dicho
su mal porque a la duquesa
miraba tan a lo niño,
que le descubriera el fuego

44

cualquier doctor invernizo.)

Infanta	No puedo negar que aciertas,
	porque amor la causa ha sido,
	que el pensamiento atormenta
	y que turba mis sentidos;
	mas, ¿qué remedio tendrá
	cuando a un imposible aspiro?
Rey	¿Cómo imposible, señor?
	¿Adoras algún prodigio?
	¿No es mujer? Dile tu pena.
	Si hay galanes, si hay maridos,
	hazlos ahorcar a todos,
	que amor no tiene delitos.
	Habla al dueño. Di tu pena
	a estas fuentes, a estos lirios.
Infanta (Aparte.)	(Ojos, ya lo estáis mirando,
	mas no lo digáis os pido).
Rey	En los negocios de amor,
	en cuñados y sobrinos,
	suele cometer un gato
	siete u ocho gatifinios.
Infanta	Tu remedio es importante,
	y en fe de lo que le estimo
	y me ha aprovechado, toma
	esta cadena.
Rey	Reclino
	en tu cordobán mis labios.

(Dice un Médico al otro.)

Médico II   ¿Qué vano embuste le dijo
                                este español que le premia?

Médico I   ¿Agora veis que en el siglo
                                se premian los embusteros?
                                Vanamente hemos perdido
                                el tiempo en estudios vanos,
                                que ya mercedes y oficios
                                huyen virtudes y letras
                                como si fueran delitos.

(Vanse.)

Rey   Grande hombre es el español,
                                pues tan diferente miro
                                al príncipe.

Infanta   ¿Oyes, Enrique?
                                Esta tarde determino
                                ir a ver a la duquesa,
                                y para que vais conmigo,
                                os prevengo.

Marqués   Mejor fuera
                                te dieras al ejercicio
                                de la caza en esos sotos.

Infanta   Dueño soy de mi albedrío,
                                marqués.

Marqués (Aparte.)   (Yo me abraso en celos.)

Rey   Príncipe, ven.

(Vanse entrando.)

Enrique   ¿Qué le has dicho
               que quiere ver la duquesa?

Rey   Pues, ¿faltará otro aforismo
               para quitarle el amor?
               Los doctores tan peritos
               como yo con un remedio
               hacemos cuatro caminos;
               que, como damos a bulto
               las recetas, nos servimos
               para cámaras, y pujo
               siempre de un récipe mismo.

               Fin de la primera jornada

Jornada segunda

(Salen Castaño y Domicio.)

Rey   Avisad a la duquesa
que estoy aquí y que le traigo
ciertas píldoras.

Domicio   Ya caigo
en quién es.

Rey   Pues, daos priesa.

Domicio (Aparte.)   (¡Vive Dios, que he de gozar
la ocasión de hallar aquí,
médico de balde!) Oíd.

Rey   ¿Qué me queréis preguntar?

Domicio   Los médicos de esta tierra
no los entiendo.

Rey   Ni yo.

Domicio   ¡Bien haya quien lo parió!

Rey   Por poco estudio se yerra.

Domicio   De todos oigo contar
lo mismo, sino de vos.
Esto de «estaba de Dios»
los hace no reparar
en mil hombres más o menos.

Rey	Si el pueblo se satisface
	con decir que Dios lo hace.
	los que matan son los buenos;
	y con mataros a vos,
	entre los demás dolientes,
	son ministros obedientes
	a la voluntad de Dios.
Domicio	Si de esto adquieren los hombres,
	mejor es que no curasen.
Rey	Si los médicos faltasen,
	¿dónde cupieran los hombres?
	Y así es razón que te cuente
	su vida en sucesos varios.
	Hay médicos comisarios
	que van matando a la gente...
Domicio	Bien la experiencia lo muestra;
	pues con haberme curado,
	como miras, me han dejado
	a pique de dar la muestra.
	Gasto las noches, señor,
	en toser y en escupir,
	sin descansar ni dormir.
Rey	Será falta de calor
	o, ¿os han dado algún bocado?
Domicio	¿Bocado?
Rey	Pues, ¿por qué no?
Domicio	Si soy un pobre hombre yo...

Rey	¿No habéis sido enamorado algún tiempo? ¿Con qué engaños se vive?
Domicio	Señor, sí he sido; mas fue en mi tiempo florido.
Rey	¿Cuántos habrá?
Domicio	Sus treinta años.
Rey	¿Treinta años habrá?
Domicio	¡Y bien hechos!

Rey	¿Y diréis que no es bocado?
	¿No os sentís menoscabado,
	flaco de muslos y pechos?
	  Veneno es, según lo escribe...
	Muchos hay que lo escribieron,
	pero fue el que a vos os dieron
	en polvos de bronce, y vive
	  hasta la putrefacción
	del cuerpo con calidades
	de vanas enfermedades.
	El que se da en almidón
	  encubre más la cautela
	y viene más disfrazado.
	Decidme, ¿habéisos sacado
	en verano una muela?

Domicio	Yo no sé en qué tiempo fueron; mas sé que todas volaron.

Rey	Hermano, a matar tiraron.
	Entonces no conocieron
	el mal; mas creed, amigo,
	que según lo que decís,
	la enfermedad que sentís
	es bocado como digo.
Domicio	Una mala hembra fue,
	de celos de un buñolero.
	Señor, el remedio espero
	en vuestras manos.
Rey	Sí, haré.
	Tome aceite de cangrejos
	y polvo de alcamonías,
	y úntase cuarenta días
	lo que quisiere.
Domicio	¡Consejos
	divinos!
Rey	Por las mañanas
	ande en camino dos horas,
	tome jarabe de moras
	y cáscaras de avellanas
	molidas, y eche también
	piedra pómej y una drama
	de jaspe armenio.
Domicio	¡Qué fama
	adquiere! ¡Dios le haga bien!
	Váseme hinchando también
	el vientre.

Rey   A eso llamamos
                    potra.

Domicio   ¡Aviados estamos!
                    ¡Otra!

Rey   Pues, tíñase [bien].

Domicio   Pues, ¿qué tiene que hacer
                    la potra con el teñirse?

Rey   ¿Qué? ¿No quiere reducirse?
                    Mire, cuantos llega a ver
                       que se tiñen son potrosos,
                    y como es mal de la edad,
                    encubren la enfermedad
                    con remedios tan tiñosos.

Domicio   ¿Y para cierta dolencia
                    allá en la postrera vía?

Rey   Cuatro onzas de alejandría
                    y dos de la quinta esencia
                       de ruibarbo.

Domicio   Tengo flaca
                    memoria. ¿Cómo decía?

Rey   Ruibarbo y alejandría.

Domicio   Si con esto se me aplaca
                       el mal, a buen punto llego.

(Vase Domicio y sale la Duquesa.)

Duquesa   Doctor, seáis bien venido.

Rey   Esta respuesta he traído
                 de mi señor; que hay gran fuego.
                   Toda esta noche ha gastado
                 en gemir y suspirar.

Duquesa   Pues, ¿quién lo puede causar?

Rey   Lee, y sabrás su cuidado.

(Lee.)

Duquesa   «El príncipe, mi señor,
                 —perdonad si os causo enojos—
                 se partió de vuestros ojos
                 con accidentes de amor;
                   porque la mucha tristeza
                 que ausentándose mostró,
                 bastantes señales dio
                 de la pasión de su alteza;
                   y así habrá de ser forzoso,
                 si es que de servirle trato,
                 o que yo os olvide ingrato
                 o que me pierda celoso.»
                   De entendimiento carece,
                 y su propio ser ignora,
                 la mujer que se enamora
                 de hombre que mujer parece.

Rey   La mujer discreta y bella
                 brío robusto procura,

54

que la que busca hermosura
pretenderá una doncella.

(Vase Castaño y salen Enrique y la Infanta.)

Infanta   Viniéndoos a ver, duquesa
                           cuando el alma se me abrasa,
                           que ha nacido en vuestra casa
                           muda mi inquietud confiesa;
                               y es tal mi amoroso engaño,
                           que sin poderlo estorbar,
                           no descansa sin tornar
                           a donde recibió el daño.

Duquesa   Viendo, señor, que no ordena
                           mi deseo que penéis,
                           diré que con vos traéis
                           la causa de vuestra pena,
                               puesto que reconocida
                           estoy de vuestro favor.

Infanta (Aparte.)   (¡Qué mal que resisto, Amor,
                           los efectos de tu herida!
                               Ama a Enrique mi deseo
                           y teme mi pensamiento
                           la infamia en mi vencimiento,
                           y entre mil dudas peleo.
                               ¡Ay, Enrique! Aunque te quiero,
                           no es mucho mi amor te asombre;
                           que si me juzgas por hombre,
                           mal que lo entiendas espero.
                               En vano mi mal resisto;
                           que ya se miran los dos.
                           Remediarélo, o por Dios...)

| | Enrique, porque habéis visto |
| | que os quiero, ¿me dais enojos? |

| Enrique | ¿Yo os puedo causar desvelos, |
| | señor? |

| Duquesa (Aparte.) | (Él se abrasa en celos.) |

| Infanta | ¿No basta que alcéis los ojos |
| | para ver a la duquesa? |

| Enrique | Con sano intento sería. |

| Infanta | Salíos fuera. |

| Enrique | No entendía |
| | tu ofensa. De ello me pesa. |

(Vase Enrique.)

Duquesa	Señor, pues que no podéis,
	según el fuero, casaros
	conmigo ni yo pagaros
	el amor que me tenéis,
	no deis, por Dios, ocasión
	—que mi honor no lo consiente—
	a que pueda hablar la gente
	en mi fama y opinión.
	Enrique es igual y puede,
	cuando en mí ponga los ojos,
	hacer que con sus despojos
	casada y alegre quede;
	y vos me podéis honrar
	con olvidar este intento.

Infanta	Mal puede mi pensamiento
	con tal guerra descansar.
	Vos tenéis justos desvelos.
	Vuelve, Enrique, a mi presencia.
(Aparte.)	(No entendí que era la ausencia
	aun más cruel que los celos.)
	Llamadle.
Duquesa	¡Enrique!
(Sale Enrique.)	
Infanta (Aparte.)	(¿A qué aspiras,
	pensamiento? Yo deseo...)
	Oye, Enrique.
Enrique	Ya lo veo.
Infanta (Aparte.)	(No lo ves, aunque lo miras.)
	Enrique, quiero decirte...
Enrique	Ya sé que tienes presentes
	tus penas.
Infanta	(¡Qué mal las sientes!
	¡Ay, quién pudiera advertirte
	que en mi intricada querella
	presuma mi mal cruel
	de la duquesa por él,
	y son de Enrique por ella!
	Si mi rostro lo confiesa,
	mi honor, mi estado, lo niega
	y la esperanza se anega.)

Enrique (Aparte.)   (Si el mirar a la duquesa
era por razón de estado
y no verdadero amor,
dejarlo será mejor,
olvidando su cuidado;
pues alienta mi esperanza
el príncipe de tal modo
en su favor, quiero en todo
dejar el lugar que alcanza.)

(Sale Domicio.)

Domicio   Señora, el enfermo llama.

Infanta   Y que acudáis es razón;
que el tiempo dará ocasión
a que os busque quien os ama.

Duquesa   Que me perdonéis, os ruego.

Infanta   Id con Dios, duquesa bella.

(Vase la Duquesa.)

Enrique (Aparte.)   (Siga el príncipe su estrella,
pues no me abrasa su fuego.)

(Vanse Enrique y la Infanta.)

Domicio   Ruibarbo y alejandría,
no sé qué provecho hará
que siento en las tripas ya
notable volatería.

(Salen el Marqués y Fabio.)

Marqués   Domicio.

Domicio   ¿Señor marqués?

Marqués   ¿Merecerá mi amistad
saber de ti una verdad?

Domicio   Nunca me mueve interés;
   soy honrado.

Marqués   Este diamante...

Domicio   Ni por la imaginación...

Marqués   Cumplo así mi obligación.

Domicio   Tómolo y paso adelante.

Marqués   ¿Sabes de lo que han tratado
el príncipe y la duquesa?

Domicio   Que lo preguntas me pesa.
¿En qué montes se han criado?
   Di, ¿qué han de tratar, señor,
un muchacho y una moza,
que la sangre les retoza
en las mejillas de amor?

Marqués (Aparte.)   (¡A qué furia me provoco!)
Di, Domicio, ¿cómo fue

Domicio	Luego se lo contaré.
(Aparte.)	(¡Ay ruibarbo!)

(Vase corriendo como que tiene cámaras.)

Fabio	Éste está loco.

Marqués

    Sospechas mal nacidas,
que estáis más cerca cuando más perdidas,
no aumentéis más mis desvelos
con la fiera ocasión de tantos celos;
pues que con las que paso,
el alma, el pecho, el corazón me abraso.
¿Qué me aconsejas, Fabio,
cuando miras la fuerza de mi agravio?
Diré que la duquesa
la obligación desmiente que profesa,
pues da ligeramente
tanta ocasión a que mi mal se aumente;
diré —solos estamos—
que el príncipe la sirve.

(Sale Domicio.)

Domicio	¿En qué quedamos?

Marqués

Quedó en que te ha admirado
preguntarte, Domicio, qué han hablado.
Si es forzoso que... ¡hable!...
¿de cosas amorosas?

Domicio

    No es notable
el ingenio que alcanza...
Que ha de lograr, entiendo, su esperanza.

Marqués	¿De qué suerte, Domicio?

Domicio   Aguarde un poco, si he de hacer mi oficio.
Sentáronse en dos sillas
que afrentaron las quince maravillas.
¿Eran quince por todas?
Aguarde, contaré: El Coloso en Rodas,
el Mausoleo en Caria,
Monte de Gelboé...

Fabio   ¿Muy necesaria
es agora la cuenta?

Marqués   Cuando de furia el corazón revienta,
¿gastas el tiempo en vano?

Domicio   Sentáronse los dos y mano a mano...

Marqués   ¡En furia me resuelvo!

Domicio   ¡Ah, mal haya el ruibarbo! Luego vuelvo.

(Vase Domicio corriendo.)

Marqués   ¿Hay desdicha más grave?
¡Que tal imperfección en mi amor cabe
y tras tantos desvelos,
se acrecientan agora nuevos celos,
cuando remediar trato
los que me inquietaban!

Fabio   El recato,
con que al príncipe crían,

las mayores sospechas te desvían,
pues tienes ocasiones
para poderla hablar por los balcones.

Marqués   Pues, de esta vez procuro
vivir de mis sospechas más seguro.
Venga la noche fría,
que miedo helado en los cobardes cría;
veré lo que sospecho,
de acero armado y de valor el pecho,
dándolo por despojos,
de cuerpos viles, monumentos rojos,
que trepando por ellos,
mi mire el Sol entre sus brazos bellos.

(Sale Domicio.)

Domicio   Señor, ¿en qué quedamos?

Marqués   Fabio, vámonos ya...

Domicio   Todos nos vamos.

Marqués   ...porque la vida pierdo,
loco en mis celos y en desdichas cuerdo.

Domicio   ¡Quién le viera en un día
llegar desde ruibarbo a Alejandría!

(Vanse y salen la Infanta y Enrique.)

Enrique   Ya estamos solos, señor;
di lo que quieres mandarme.

Infanta	Cierra esa puerta.
Enrique (Aparte.)	(¿Es temor el mío? ¿Yo he de turbarme, si ejemplos doy de valor?)
(Aparte.)	Ya está cerrada. (Fortuna, ¿qué es esto? ¿Tan importuna conmigo vienes a estar que no se puede esperar en ti firmeza ninguna?)

Infanta	¿Tú eres español, Enrique?
	¿Tú blasonas de español,
	para que el mundo publique
	tu trato, y do nace el Sol
	y muere, lo notifique?
	    ¿Por ventura no previenes,
	cuando de España te vienes
	a reinos que extraños son,
	que habrás hurtado a Aragón
	tantas barras como tienes?
	    ¿Tú hablas a la duquesa,
	sabiendo que yo la adoro
	y de tu intento me pesa?
	¿Así guardas el decoro
	que mi dignidad confiesa?

Enrique	Noble y español nací, y que nunca te ofendí en mi defensa prevengo; y la obligación que tengo, cumplo, sirviéndote aquí. No ofende el noble jamás sus blasones de armas llenos;

	solo al villano verás
	que de lo que tiene menos
	es lo que blasona más.
Infanta	Saca la espada.
Enrique	¿Señor?
Infanta	Bien pudiera mi valor
	matarte [sin] advertir;
	que no se ha de prevenir
	a la venganza [el] traidor.
Enrique	Con ese nombre sin duda
	me da la muerte mi espada
	que está a mis ofensas muda,
	vestida a tus pies honrada
	más que en mis manos desnuda.
Infanta	¡Traidor!
Enrique	Tu alteza repare...
Infanta	Cuando el alma te sacare,
	porque te la he de sacar
(Aparte.)	del pecho (mas para entrar
	en el lugar que dejare)...
	Di en el estado que estás
	del amor que yo procuro.
(Aparte.)	Confiésalo. (Y bien podrás,
	que yo mismo te aseguro,
	cuando te amenazo más.)
Enrique	Príncipe, prometo a Dios

que fue simple voluntad.

Infanta   Sí, que sois muy simple vos.
             ¿Hubo premiada lealtad?
             ¿Estáis muy firmes los dos?

Enrique   Eso a mi ser contradice,
             porque de su honor desdice
             el que descubre un secreto;
             que el que le guarda es discreto,
             y villano el que le dice.

Infanta   ¿Estás muy favorecido?

Enrique   ¿Qué favor tendré, señor,
             de tanta humildad vestido
             y desnudo de valor?

Infanta   Otros habrás merecido
                de mujer más importante;
             porque, en iguales intentos,
             sucede el amor constante
             suplir con atrevimientos
             los defectos del amante.
                Dilo, pues que lo confiesa
             la duquesa.

Enrique   Amor profesa;
             dulces papeles escribe.

Infanta   ¿Y los tuyos?

Enrique   Los recibe.

Infanta (Aparte.)	(Descuidaos con la duquesa.)
	¡Débesla tú de querer
	mucho!
Enrique	Nunca el pecho mío
	por ella he sentido arder;
	mas mil ternezas le envío.
Infanta (Aparte.)	(Lanzadas habían de ser.)
	Jura, pues, que no la quieres
	para que mi enojo esperes
	ver con menos crueldad,
	y mira que sea verdad
	todo cuanto me dijeres.
Enrique	Juro que no la he querido,
	por el alto firmamento
	de luz hermosa vestido.
Infanta	¡Qué agradable juramento,
	si de temor no ha nacido!
	¡Jura más!
Enrique	Tu vida juro;
	que puedes estar seguro.
Infanta	Esto es quererme engañar.
Enrique	Antes lo vengo a jurar,
	porque quietarte procuro;
	y podré yo presumir
	que a ninguno darás tanto
	crédito con advertir
	que, si acaso lo quebranto,

podrás llegarlo a sentir.

Infanta   Dime mal de la duquesa.

Enrique   Que esto me mandes me pesa.
Ciego en tus celos estás,
y eco de tu voz, no más,
he de ser en esta empresa.

Infanta   Estoy tan ciego que quiero
digas mal de ella, por ver
si, en la pretensión que espero,
la dejas tú de querer.

Enrique   Mi ignorancia considero,
mas no me parece bien.

Infanta   Por eso hay muchos a quien
parece un ángel divino.

Enrique   ¿Qué importa si no me inclino?

Infanta   Dios te dé salud, amén.
¿Es discreta?

Enrique   Mal podrá
serlo una mujer rendida,
pues de estarlo perderá
lo que adquirió pretendida,
y la voluntad le da.

Infanta   Pues, porque no formes quejas
de la pretensión que dejas,
otra mi fe te asegura,

| | que abrasará su hermosura |
| | del Sol las doradas rejas. |

Enrique (Aparte.)   (Sin duda que ha imaginado
el príncipe divertirme,
por si estoy enamorado,
y así quiere persuadirme
con otro ajena cuidado.)
    Yo te quiero obedecer.

Infanta (Aparte.)   (¿Qué es lo que pretendo hacer,
Amor? Mas no hay que dudar,
ya que has llegado a mostrar
la fuerza de tu poder.)
    Enrique, a tu pecho fío
un gran secreto. Mi padre...

(Aparte.)   (¿Hubo mayor desvarío?)
    ...tuvo de un parto en mi madre...

(Aparte.)   (¡Tente, pensamiento mío!)
    ...dos hijos, Matilde y yo,
uno a otro semejante
de suerte, que se engañó,
aun teniéndonos delante
el mismo que el ser nos dio.
    Matilde, mi hermana, vive
en esa torre, dó apenas
del Sol los rayos recibe,
compañeros en sus penas
que en aire sutil recibe.

Enrique   La causa saber espero,.

Infanta   Consultó la astrología
mi padre; y un extranjero

le dijeron que sería
dueño de su amor primero.
    Y desde que el juicio sabe
mi padre, caso tan grave
ha querido prevenir
con no dejarla salir.
Tú, Enrique, con esta llave
    la irás a ver de aquí a una hora.

(Dale una llave dorada.)

Enrique   ¿Con tu alteza podré ver
a la Infanta, mi señora?

Infanta   No, que será menester
quien, a mi padre, que ignora
    este caso, le entretenga,
para que mi intento tenga
el efecto prometido;
que no podrás ser sentido,
como mi padre no venga.
    Quedando yo, será igual
con el deseo el efeto.
Tú, Enrique, si eres leal,
viva en tu pecho el secreto
que guarda un pecho real,.
    Ve solo, Enrique.

Enrique   Señor,
a tan supremo favor
mil vidas no satisfacen.

Infanta (Aparte.)   (¡Qué de imposibles deshacen
mujer, ingenio y amor!)

(Vase la Infanta.)

Enrique   ¿Quién oyó tal novedad
ni más singular suceso?
Vos, duquesa, perdonad,
que aunque vuestro amor confieso,
más me obliga esta lealtad.
   Hoy Carlos me ha revelado
su secreto y su cuidado;
y si con razón lo mido,
ha de ser agradecido
un noble que está obligado.

(Sale Castaño.)

Rey   ¿Qué haces, señor?

Enrique   Admirando
tu vana solicitud.
Decidme, ¿qué andas curando?

Rey   Si es dolencia la salud,
a todos los voy sanando.
   Hay enfermos a porfía,
y el que en mis manos caía,
con venir de dos en dos,
luego estaba en las de Dios,
que no es poca mejoría,
   porque les doy la receta
universal.

Enrique   Ya me enojo
con tu malicia inquieta.

Rey	No se hallara por un ojo una vara de bayeta.
Enrique	Bien mis intentos ayudas.
Rey	Mientras tú no me desnudas de doctor, fiesta tenemos; de ayer acá nos comemos de huérfanos y de viudas.
Enrique	Yo no sé en qué ha de parar éste tu intento ambicioso.
Rey	Antes llego a aprovechar, pues vengo a hacerme famoso con no dejar de curar.

(Sale Domicio con un papel.)

Domicio	Cansado a buscarte vengo con este papel.
Enrique	No tengo licencia para tomalle.
Domicio	¿Helo de echar en la calle?
Enrique	Lo que me importa prevengo.
Domicio	Mira que es de mi señora, con el sello de su amor, y tiernamente te adora.

Enrique	El príncipe, mi señor,
	sus esperanzas mejora.
	Así, Domicio, podrás
	no buscarme a mí de hoy más,
	si no es, ya que hacerlo intentes,
	para cosas diferentes
	de ese intento.
Domicio	Ciego estás.
	¿Cómo el hermoso arrebol
	de su deidad desconoces?
	¿Qué intentas, noble español?
Enrique	Endurecerme a sus voces,
	para que me abrase el Sol.
(Vase Enrique.)	
Domicio	¿Así te vas y me dejas?
Rey	No tienes que formar quejas,
	pues es fuerza que lo haga,
	para que así satisfaga
	a Carlos.
Domicio	¿Tú le aconsejas?
	Mas volviendo, mi señor,
	a la purga. Buena fue
	la tal burlilla.
Rey	Al doctor
	se ha de mirar con más fe.
Domicio	Sois un cruel purgador.

(Aparte.)	(Si esos remedios ordena, poco le duele la pena de los que a sus manos van.)
Rey	Esos remedios están dispuestos por Avicena.

(Sale el Marqués.)

Marqués (Aparte.)	(¿Domicio en palacio? Admiro la novedad. ¿Es papel aquél que en sus manos miro? El príncipe es dueño de él. A un hecho bárbaro aspiro. Loco me tienen los celos; perderé a los mismos cielos el respecto.)
Domicio	Sois cruel físico.
Marqués	¡Suelta el papel!

(Quítale el papel.)

Domicio	¿Aun nos quedaban más duelos? No es justo de mí se arguya.
Marqués	¡Sois un infame tercero!
Domicio (Aparte.)	(¿Qué dice? ¡Dios me destruya si no es tonto!) Caballero, suélteme el papel. ¡Concluya!

Marqués	¿Qué he de soltar, vejezuelo? ¡Ya sois alcahuete!
Domicio	Apelo para el tribunal de Dios, y el castigo de los dos me dará el Señor del cielo. ¿Hase visto tal afrenta?
(Aparte.)	(¿Qué será lo que éste intenta? Los dos vienen ya de manga.)
Rey	Pues, quínola con pendanga que ha de pasar de setenta, ¿qué queréis?
Marqués	Tu intento fiero con ésta acabar espero.

(Saca la daga para el viejo.)

Domicio	Vuelva el acero a esconder. ¿No basta purgarme ayer, sino tomar el acero?

(Vase Domicio.)

Rey	Léalo, vueseñoría, que es muy gran bellaquería y no se ha de consentir.
Marqués	¿Qué le queda que sufrir hoy a la paciencia mía?
(Lee.)	«Don Enrique, mucho me importa hablarte,

si los celos del príncipe y la ocupación
de tu privanza te dieren lugar; ven, o
enviarásme a Castaño, tu criado.»

¿Aún tiene Amor escondido
más daño y riesgo mayor?
¿Sois Castaño vos?

Rey   No he sido
sino rucio; mas, señor,
úsase, y heme teñido.

Marqués   ¿No sois el doctor Castaño?

Rey   Soy el doctor Albarcoque.

Marqués   ¡Qué un acreditado engaño
a venganza no provoque
a quien participa el daño!
¡Español, bajo criado!

Rey   Tráteme bien, caballero,
que soy un doctor honrado.

Marqués   No sois sino un embustero.

Rey   Héme aquí desgraduado.

(Vase Castaño.)

Marqués   Villano Amor, ¿dónde vas
con tantas alevosías?
Ya bien vengado estarás,
pues hallo en las penas mías

siempre un enemigo más.
Mas yo sacaré del pecho
a Enrique el alma arrogante,
pues que no es en mi provecho,
o ya tercero o ya amante.
Papel, pedazos te he hecho,
    por no admitir tus delitos;
mas poco remedio dan
a mis celos infinitos,
pues en cada letra están
todos mis celos escritos.

(Vase el Marqués y sale la Infanta, vestida de dama.)

Infanta   Con la fiebre y sed, iguales
en el calor y el tormento,
con un volcán en la boca
yace en la cama el enfermo.
¡Cuántos arroyos y fuentes
dan a los prados amenos,
en competencia del alba,
vidrios y aljófares tiernos!
Adora con la memoria,
se bebe con el deseo,
hidrópico, el apetito
y el espíritu sediento;
mas entre flores y ramos
que fueron de abril trofeos
le muestra fingidas fuentes
el piadoso lisonjero.
Él, alentado su engaño,
sus puros cristales viendo,
con el alma les ofrece
el hospedaje del pecho;

y entre las contradicciones
que reprimen sus deseos,
siempre apetece la causa
sin temor de sus efectos.
Igualmente me sucede
en el intricado enredo
de amor, pues viendo mi daño,
a quien lo causa apetezco.
Ardua empresa, rara industria
conozco que es la que emprendo.
Si lo digo, soy perdida,
y si lo callo me pierdo.
Tres montes y tres abismos
se oponen a mis intentos,
todos fuertes e invencibles:
la vana ambición de un reino,
la vergüenza de las gentes,
y de mi padre el respecto.
Y por otra parte, a Enrique,
a quien con el alma ofrezco
deseos enamorados,
víctima de su trofeo,
el alma me solicita;
que ya, admitiendo su imperio
en su memoria descansa
y en él espera remedio.
La puerta abrieron; sin duda
es él, porque pasos siento.
Temblando estoy. Dame ayuda,
Amor, cuando ves que intento
un caso que es tan difícil
al más dilatado ingenio.

(Sale Enrique como tentando parte oscura.)

Enrique	Por laberintos de dudas
	voy entrando, y no discierno
	con la vista cosa alguna;
	mas ya miro lo que espero.
	El príncipe no me engaña.
	Yo le ofendí, ¡vive el cielo!,
	pues dudé de su palabra.
	¿Qué deidad es la que veo?
Infanta	¿Quién eres, hombre, que entraste
	con osado atrevimiento
	donde nunca pies humanos
	osadas plantas pusieron?
	¿Quién eres tú que has venido
	a este lóbrego aposento
	que ha estado siempre guardado
	con el castigo y el miedo?
Enrique	Señora, a tal majestad,
	a tan soberano pecho,
	si el príncipe no me diera...
(Turbado.)	porque yo tu Sol eterno...
Infanta	Ten ánimo; no te turbes.
Enrique	Los excelentes objetos
	suelen turbar los sentidos
	más agudos y más diestros.
	El Sol deslumbra los ojos,
	con soberanos reflejos,
	al Águila, mariposa
	de las regiones del fuego.
	El Nilo, que al mar no llega,

como revuelto y soberbio,
tributo de sus cristales,
sino batallas de viento,
con el estruendo ensordece
sus vecinos. Y en los cielos
tan alta y dulce armonía
ordena su movimiento.
Y, como no son capaces
nuestros sentidos, corriendo
hacen sus círculos de oro
con hermosura y silencio.
¿Qué mucho que un Sol divino,
un cielo claro y sereno
y un piélago de hermosura,
dé confusión a mi pecho,
dé adoración a mis ojos,
dé a mi voz y lengua miedo,
dé ignorancia a mi discurso
y a todos juntos respecto?

Infanta   ¿Tan soberana me juzgas?
      ¿Tan hermosa te parezco?

Enrique   Díganlo el tiempo y la fama,
      que yo, señora, no puedo.
      Ni el mar en serena calma,
      que blandamente batiendo
      con trabucos de cristal
      los escollos, forma en ellos
      montes de nieve y de espuma,
      que deshaciéndose luego
      son tornasoles azules,
      son damascos verdinegros;
      ni el Sol cuando en horizonte

entre celajes diversos
de nubes muestra a pedazos
sus rayos y sus cabellos,
y escondido entre cortinas
de púrpura, entre los fluecos
de nácar y oro se duerme
entre las sombras y hielos
de las noches; ni aquel ave
que vive siglos eternos
con alas y pies de rosa,
cuello azul, dorado pecho,
y en aromas de Arabia
su hermosura entrega al fuego,
y ya ceniza y gusano
vuelve a renacer más bello
no tienen tanta hermosura,
ni en nuestras almas pudieron
causar sus mudas bellezas
tanto amor, tanto respeto.

Infanta   ¿Qué es amor?

Enrique   Una pasión
con que el alma que tenemos
en la ajena se arrebata
y vive en el ser ajeno.

Infanta   Y dime, ¿puede el amor
causarse en tan poco tiempo
como ha habido agora?

Enrique   Sí;
como se ve en este ejemplo.
Cuando las nubes se rasgan

con el oprimido fuego,
trueno, relámpago y rayo
resultan del rompimiento.
Cuando el alma se enamora,
nacen también tres efectos
que son la delectación,
la admiración y el deseo.
Al trueno se corresponde
la admiración del sujeto,
y al relámpago luciente
la delectación de verlo,
el deseo al rayo ardiente;
y de la suerte que vemos
que espanta, deslumbra y mata
con furia el rayo violento,
la admiración nos espanta,
la delectacion es cierto
que deslumbre, y luego mata
el amor con los deseos.
Y así de repente, amor,
sin dar dilación al tiempo,
nos da la muerte, porque es
rayo, relámpago y trueno.

Infanta   Gran filósofo de amor
te juzgo y te considero.

Enrique   Antes, jamás he querido,
porque las veces que veo
singulares hermosuras,
parece me están diciendo:
«No te enamores, aguarda;
que más divino sujeto
te han prevenido los hados

	por dueño de tu hemisferio.»
	[.................]
Infanta	En aquese mundo vuestro
	hay muy grandes hermosuras,
	hay soberanos sujetos.
	Una duquesa me dicen,
	de Montehermoso, que es cielo.
Enrique	Comparada a tu hermosura,
	es un humilde arroyuelo
	entre las rústicas flores
	junto al mar cano y soberbio,
	es una estrella pequeña
	que en el alto firmamento
	mendiga rayos del Sol
	para servirte con ellos.
Infanta	¿Qué te admira más de mí?
Enrique	Aquel singular extremo
	de semejanza que tienes
	con tu hermano.
Infanta	Ya lo ha hecho
	naturaleza otra vez.
	Tú pareces extranjero.
Enrique	Sí, lo soy.
Infanta	¿De qué nación?
Enrique	Español.

Infanta	¡Oh, monstruo fiero! Quítate de mi presencia; no estéis aquí. Vete luego.
Enrique	¿Monstruo llamas al que es hombre?
Infanta	¿No lo son? Pues me dijeron que por uno me privaban de ver la luz de los cielos.
Enrique	¿Y podré volverte a hablar?
Infanta	Si mi hermano gusta de ello, sabe agradarle.
Enrique	¿Y sin él no veré tus ojos bellos?
Infanta	Quizá por aquestas rejas alguna vez. Vete presto. No te encuentre nadie aquí.
Enrique	Entré cobarde y voy ciego. Queda a Dios.
Infanta	Y ve con Él.
Enrique (Aparte.)	(¿Qué enigmas son éstas, cielos?)
Infanta (Aparte.)	(Amor, ingenio y mujer, ¿qué imposibles no emprendieron?)

Fin de la segunda jornada

Jornada tercera

(Salen el Rey y Enrique.)

Rey   Enrique, ya que a Sicilia
permite el cielo que vengas
para que en mi casa tengas
el remedio en mi familia,
   ya que eres ayo y maestro
del príncipe y su privado
y de mí estás obligado
por el amor que te muestro,
   en riquezas y en mandar,
a mis sobrinos prefieres,
conde de Módica eres
y Almirante de la mar;
   y pues, le toca a tu oficio
dar, a lo que digo, un medio
por resultar su remedio,
en general beneficio,
   y que el cuidado que ves
de que nace mi fatiga,
por ser tú leal me obliga
a que me digas cuál es.
   Que me advirtieses querría,
cuando mi amor te consulta,
¿de qué al príncipe resulta
tan grave melancolía?
   ¿Qué tiene? Que siempre está
tan rendido a su pasión
que ver su enajenación
justo cuidado me da.
   ¿Sabes acaso su pena?
¿Has la ocasión entendido?

Enrique	De amor, sin duda ha nacido,
	que es quien su dolor ordena.
	El príncipe, mi señor,
	a su prima, la duquesa,
	adora, y mudo confiesa
	la causa de su dolor.
	Desde que por el oriente
	saca el Sol su luz divina,
	su adorada Serafina
	llama en voz triste y doliente.
	Pienso que fuera acertado
	casarle, señor, con ella,
	pues cesará su querella
	y faltará tu cuidado;
	porque aunque es fuerza, señor,
	que haciéndolo se traspase
	la ley que niega se case
	con su vasallo, el amor
	que te tienen es de suerte
	el reino, y la voluntad,
	que podrá tu autoridad
	deshacer cosa más fuerte.

Rey	Sí, remedio he de buscar
	para anular esa ley.
(Aparte.)	(Saben los cielos y el rey
	que en otra ley se ha de hallar.)
	¿Que tú no le has conocido
	otra ocasión?

| Enrique | No la tiene. |

| Rey | Buscar un medio conviene |

para que ponga en olvido
　Carlos este pensamiento,
divirtiéndole de amor,
si es su enemigo mayor.

Enrique　　　　Sin éste ninguno siento
　　　　ni modo alguno que obligue,
señor, en esta ocasión
que a su amorosa pasión
los accidentes mitigue.

Rey　　　　　　　　Yo daré fin a sus quejas,
si no precede de más
que de ese amor.

(Vase el Rey.)

Enrique　　　　　　　　Mal podrás,
si a un ángel tan sin él dejas,
　dándole tal pesadumbre
por la vana presunción
de los juicios que son
tan llenos de incertidumbre.
　Bellísima infanta presa,
cuya beldad peregrina,
como a su deidad divina,
el alma adora y confiesa,
　si pudiera con mi pena
o con mi excesivo amor
moderados el rigor
de vuestra oscura cadena,
　sabe el cielo que es testigo
de la verdad, que mi vida
perdiera, a tus pies rendida,

87

para el remedio que digo.

(Sale la Infanta, vestida de hombre.)

Infanta   ¿En qué te habló el rey?

Enrique   Señor,
en saber en qué consiste
tu tristeza.

Infanta   ¿Y qué dijiste?

Enrique   Lo que entiendo, que de amor...
que amabas a la duquesa,
que es de adonde nace el daño.

Infanta (Aparte.)   (¡Y sabría que es engaño!
¡Sabe Dios cuánto me pesa!)

Enrique   Díjele que te casara
con ella.

Infanta   ¿Y qué respondió?

Enrique   A tratarlo se partió.

Infanta (Aparte.)   (¿Quién, cielos, imaginara
tan confuso laberinto?
Pues ya miro mi cuidado,
de nuevas dudas cercado
y con término distinto
del respeto y del temor,
dar la rienda a mi fatiga
con tal fuerza, que me obliga

a buscarla yo al dolor.)
    Enrique, admirado estoy
cuando en tu silencio veo
pagar tan mal el deseo
con que mi gracia te doy.
    Condición tienes avara,
pues a ser dichoso llegas
y tu felicidad niegas
a quien te la dio. Repara
    en que ingrata opinión gana
tu callar, pues no me da
parte de cómo te va
de visitas de mi hermana.

Enrique   Señor...

Infanta   Fíate de mí,
pues tanto tu fe levanta,
que me dio agora la infanta
este papel para ti;
    y tanto en tu pecho fiel
fío, que sin descubrirle
te le traigo sin abrirle
ni saber qué viene en él.

Enrique   A tu favor obligado
mi agradecimiento adora.
El papel de mi señora
me des, pero no cerrado.

Infanta   Aun más pienso hacer por ti.
Pero antes que el papel leas,
quiero mi maestro seas
de amar, diciéndome aquí,

cuando amabas la duquesa,
qué palabras le decías
con que su amor reducías
al favor que me confiesa;
que, pues la he de pretender,
quiero tu estilo imitar.

Enrique   ¿Yo he de llegar a enseñar
de quien puedo yo aprender?

Infanta   Quiero probar si la inclino
por lo rendido y amante.

Enrique   ¿Qué estilo más importante
que el de tu ingenio divino?
A quien tiene tal prudencia,
¿qué le puedo yo advertir?

Infanta   Ea, bien puedes decir
que esto es enseñar la ciencia.
Esto me importa aprender.
Haz, Enrique, lo que digo.

Enrique   Si miro a lo que me obligo...

Infanta   Sin replicarme ha de ser.

Enrique   Pues vaya de amor fingido.
Duquesa...

Infanta   No me la nombres;
no has de pronunciar dos nombres
que me ofenden al oído:
duquesa ni Serafina.

Enrique	Pues, ¿cómo la he de nombrar?
Infanta	«Dueño» la puedes llamar, «Bien tuyo» y «Prenda divina»; «Matilde» también podrás, como si mi hermana fuera.

Enrique	No era justo que lo hiciera,
	aunque licencia me das;
	    que no fuera acuerdo sabio,
	por excusar ese intento,
	llegara mi atrevimiento
	a hacer a Matilde agravio
	    con tan humildes despojos.

Infanta	Ése, Enrique, es conveniente.
Enrique (Aparte.)	(Bellísima infanta ausente, perdonad, que estos enojos nacen de amor.)
Infanta	Mucho tardas.

Enrique	«Bellísimo dueño mío,
	¿por qué al alma que te envío,
	si la animas, la acobardas?
	    ¿Qué enigma es éste de amor
	que en mi pensamiento veo,
	pues si me alienta el deseo,
	me pone miedo el temor?
	    Y en maravilla tan nueva
	quiere, porque el ser mejore,
	mi voluntad que te adore,

91

y tus ojos, que me atreva.
¿Va bien?»

Infanta   Como yo deseo.
De amante llevas la palma,
como se regala el alma
cuando se abrasa el deseo.
(Aparte.)   (Hechizo del alma ha sido
cuanto escucho, miro y toco.
Con su vista me provoco;
vencióme por el oído.
Rindióse ya el albedrío.)
Mira, Enrique, si te agrada
esta respuesta.

Enrique   Extremada
ha de ser.

Infanta   «Enrique mío,
agradecida a tu amor,
no solamente perdono
tus deseos pero abono
tu merecido favor;
y en premio a tus esperanzas,
pues me has debido agradar,
yo misma te pienso dar
albricias del bien que alcanzas.»
¿Va bien?

Enrique   Muy bien, a ser yo
amante de la duquesa.

Infanta   ¿No sabes cuánto me pesa
que la nombras?

Enrique	No advirtió el alma te daba enojos mi intento, a tu gusto fiel.
Infanta	Ya puedes por el papel pasar, Enrique, los ojos.
Enrique	Turbado rompo la nema que en tan supremo favor, si es fuerza me aliente amor, es justo el respeto tema.

(Lee Enrique, turbándose.)

	«Obligada a tu cuidado, Enrique...»
Infanta	Lee sin temor, que aun en las cosas de amor Fortuna ayuda al osado.
Enrique	«Están tan en la memoria tus deseos recibidos, que tienen ya mis sentidos tu imaginación por gloria. Tú has llegado a merecer lo que nunca imaginaba poder haber...»
Infanta	¡Lee! ¡Acaba! ¿Ves que no sabes leer?
Enrique	«Y en maravillas tan nuevas

93

tanto llegaste a obligar,
que te prevengo a mostrar
de amor las más altas pruebas.
    Rey de Sicilia has de ser,
y llegando a coronarte,
lo que pueda, he de mostrarte,
amor, ingenio y mujer.»

(Rompe Enrique el papel.)

Enrique   Papel, ni agradecimiento
                 ni respeto ha de excusarte.

Infanta   ¿Qué haces, Enrique?

Enrique   Mostrarte
                 un honrado sentimiento.
                     Viviendo tú, ¿ha de decir
                 tales cosas un papel?

Infanta   El amor es un pincel
                 que cuanto llega a sentir
                     dice sin ningún respeto,
                 porque tiene fuerza tanta.
                 Tuya es, Enrique, la infanta.

Enrique   ¡Señor!

Infanta   Yo te la prometo.

Enrique   Mira, señor, que ya alcanza
                 tanto mi fe en tu favor,
                 que tengo justo temor
                 que me mate tu privanza;

que con indicios menores
me he visto en trance más fuerte
de la vida.

Infanta   ¿De qué suerte?

Enrique   La envidia engendra traidores,
                   y anoche me acuchillaron.

Infanta   ¿Y no supiste quién fueron?

Enrique   Con lo oscuro no pudieron
                conocerse, aunque mostraron
                   con bien seguras señales
                que no erraron la intención,
                puesto que su ejecución
                faltó.

Infanta   ¿Y pretensiones tales,
                   no sabes de quién saldrían?

Enrique   Ni agraviado ni quejoso
                tengo.

Infanta (Aparte.)   (En mi pecho amoroso
                ya los temores porfían.)
                   Pues vive, Enrique, seguro,
                que pues en mi gracia estás,
                en mi cuidado tendrás
                siempre centinela y muro.
                   No temas nada.

Enrique   Señor,
                si tanto favor recibo,

seguro del mundo vivo.

Infanta   Ven.

Enrique   ¡Qué ventura mayor!

(Vanse y salen la Duquesa y Castaño.)

Duquesa   Si no hubiera conocido
antes de esto en tu señor
discursos de hombre entendido,
creyera que hoy el favor
le tiene desvanecido.
     El generoso laurel
suele a la hiedra cruel
dar abrazos con que medra,
y despréciale la hiedra
en allegándose a él.

Rey   La hiedra tiene esa maña.

Duquesa   De tu señor hablo agora.
Pienso que trujo de España
mucha soberbia.

Rey   Señora,
injusto enojo te engaña.
     Si el príncipe le ha quitado
que te vea...

Duquesa   ¿Eso [ha mandado]
el príncipe?

Rey   Claro está;

que amándote sentirá.
Sabráslo ya si ha jurado.

Duquesa   A cólera me provoca.
¿Qué juró?

Rey   Yo lo diré.
Que ha de ir a Roma...

Duquesa (Aparte.)   (No es poca
pena.)

Rey   ...descalzo y a pie,
con un zapato en la boca.

(Aparte.)   (Ya, paciencia y barajar
y echar por otro.)

(Sale Domicio.)

Domicio   ¿Ha de entrar
el marqués, porque está aquí?

Rey   Mira, señora, ¡ay de mí!,
que jura me ha de matar,
   que no quiere absolución
en Roma sino en la China,
porque tiene en conclusión
conmigo cierta mohina
aunque con poca razón.

Duquesa   Pues, porque sin riesgo quedes,
Domicio, esconderle puedes
donde no lo pueda ver
el marqués.

Rey	Así ha de ser;
	la misma piedad excedes.
Domicio	Detrás de aquesta antepuerta
	podéis por agora estar,
	pues que no está agora abierta.
Rey	Domicio, fidelidad.
Domicio (Aparte.)	(Ya está mi venganza cierta.)

(Escóndese Castaño y sale el Marqués.)

Marqués	Como la vela que arde
	más cuando morirse quiere,
	cuando mi esperanza muere
	y no hay remedio que aguarda,
	te vengo, duquesa, a hablar,
	para decirte que estás
	ciega, pues ocasión das
	que lleguen a murmurar
	que favoreces a Enrique,
	tan clara y tan ciegamente,
	que das lugar que la gente
	tu vana afición replique.
	Mal haces, pues de este modo,
	prefieres a un extranjero
	al favor, que ya no espero
	por ser desdichado en todo.
Duquesa	Engañado estás, marqués,
	que si a Enrique le escribí,
	fue por defenderme así

del príncipe, de quien es
la privanza; y para hablarle
en orden a mi quietud,
con tanta solicitud
envié ayer a llamarle.

Marqués (Aparte.)   (Quién satisfacciones da,
amor tiene y paz procura;
blandamente me asegura,
favorable a mi fe está.)
Digo, divina señora,
que ya satisfecho estoy,
y en albricias de ello os doy
el alma.

Duquesa   Pues, falta agora
que yo satisfecha quede,
que no sé de qué ha nacido
el ser, marqués, atrevido
en lo que ofenderme puede.
¿Qué favor de mí tenéis
que os haya dado licencia
a que con tal imprudencia
ni pretendéis ni celéis?

Marqués   ¿Qué es esto, cielo?

Duquesa   Advertid,
que con ocasión me ofendo,
pues ni dárosle pretendo
ni jamás le di.

Marqués   ¡Oíd!

Duquesa	¿Qué he de oír, pues mi papel te atreves a abrir así, y no siendo para ti?
Marqués	Quise ver mi muerte en él, ¡Oh, ingrata fiera homicida!

(Sale Domicio.)

Domicio	El príncipe viene a verte.
Duquesa	Vete; no encuentres tu muerte donde buscabas tu vida.
Marqués	¿Que así tu rigor me trate?
Duquesa	Pues, si doy rienda al rigor, haré al príncipe un favor en decirle que te mate.
Marqués	Dime, Domicio, ¿podrás ponerme do pueda oír lo que dicen?
Domicio	Es pedir cotufas.
Marqués	Por mí lo harás. Toma y perdona, Domicio.

(Dale una sortija.)

Domicio	Tomo y perdono, marqués; ser alcahuete no es

inútil ni vil oficio.
En esta puerta, señor,
te encubre.

Marqués   ¿Podré ocultarme?

(Dentro.)

Rey   ¡Domicio!

Domicio (Aparte.)   (Yo he de vengarme
del maestro purgador.)

(Escóndese el Marqués y salen la Infanta y criados.)

Infanta   No sale con tal belleza
el Sol a alumbrar el día,
mi Serafina.

Duquesa   No es mía
esa gloria; es de tu alteza.
(Aparte.)   (¿Es posible que, pudiendo
lograr en tal hermosura
su favor y mi ventura,
esté su amor resistiendo?
Queriendo emplear el mío
en un español traidor
que desprecia mi favor,
¿no es injusto desvarío?)

Infanta   ¿Qué dices?

Duquesa   Señor, decía
que no haber agradecido

hasta aquí tu amor ha sido
causa la desdicha mía,
   porque a no oponerse a ella
la ley, que priva severa
casar con vasallo, fuera
felicidad de mi estrella;
   que empleada en tal beldad
y en tan divino valor,
fuera triunfo de tu amor
mi rendida voluntad.

Infanta   Pues, prima, resuelto vengo
a deshacer imposibles
que no lo son, si los cielos
hacen que tu amor se anime.
¿Es posible que sufriesen
tantas mujeres insignes
las duras leyes que infaman
vuestra memoria felice?
¿Por qué se ha de permitir
que, donde la fama escribe
tantas hazañas heroicas
de mujeres varoniles,
consientan la tiranía
de dos leyes que prohiben
que ni en tálamos reales
ni en las herencias se admiten,
cuando pueden dar envidia
a las matronas que viven
do el bárbaro Termodonte
cristal en púrpura tiñe?
¡Animo, ilustre duquesa!
Haya un motín que publique
que sacudan la cerviz

del agravio que reciben.
Pues tiene el reino estas leyes
y agora en cortes asisten,
tratemos de quebrantarlas,
que no son montañas firmes;
y pues tienes de tu parte
tantos nobles que lo animen
y pueden a tu opinión
acudir con pechos libres,
sé tú a quien las damas deban,
por defensora invencible,
hazaña tan valerosa
donde tanta gloria asiste;
que si a esta empresa te adquiere
mi fe que en tus ojos vive,
verá que mi amor se abrasa
entre las rosas de Chipre.

Duquesa   A tu amor agradecida,
obligada a lo que dices,
por la gloria y por el premio
que en este caso compiten,
haré tantas diligencias
que a mis hermanos obligue
y a mis deudos que los fueros
allanen y faciliten;
y cuando en ellos faltare
la propia piedad que viste,
convocaré con mis voces,
entre los aires sutiles,
las mujeres de Sicilia,
las nobles y las humildes
para que todas conozcan
que sufren agravios viles.

Infanta	La nobleza de Sicilia tienes de tu parte; diles que gocen de la ocasión y con mi favor se animen.
Duquesa	Desde aquí, con tu licencia, parto a que mi lengua incite a la gloria de esta empresa los que de verme se obliguen.
Infanta	Ve enbuenhora.
Duquesa	(Concededme esta gloria en que consiste, cielos, mirar la corona sobre mis sienes felices.)

(Vase la Duquesa y dice Castaño dentro.)

Rey	¿Si se fue el marqués Nerón?
Marqués	¿Quién está aquí?
Rey	¿Quién lo dice? ¡Válganme cuarenta santos!

(Sale huyendo del Marqués y dicen sin que los vea.)

Marqués	¿Ves tus delitos?
Rey	Admite un par de disculpas mías en tus entrañas de tigre.

Marqués   ¡Villano vil!

Rey   Si me escuchas,
                   te diré...

Marqués   ¡Los cielos viven,
                   que me las has de pagar! Calla.

Rey   No quiero.

Marqués   Tus hechos viles
                   me has de pagar.

Rey   ¡Ah, señora!

Infanta   ¿Quién da aquí voces?

Rey   ¡Ay, triste!
                   Por escaparme de Scila
                   he encontrado con Caribdis.

Marqués (Aparte.) (El príncipe es éste. Quiero,
                   antes que pueda sentirme,
                   irme porque no me vea.)

(Vase el Marqués.)

Infanta   Llégate [a mí].

Rey   Lo prohíbe
                   el olfato.

Domicio   Mal oléis.

Rey

Pues, ¿vengo a vender almizcle?
Fue que con el mucho miedo
no supe lo que me hice.

Domicio

Haga cuenta que es ruibarbo
que el miedo de todo sirve.

Infanta

¿No eres tú...?

Rey

¿Yo? No, señor,
no puede ser, ni es posible
que lo que ha sido no sea.

Infanta

...aquel médico que Enrique
trujo consigo de España.

(Turbado.)

Rey

Sí, señor, mas cuando quise...

Infanta

Dime, ¿has venido tú a caso?

Rey

Sí, señor, acaso vine...

Infanta

¿Qué trujiste?

Rey

Mal recaudo,
mal recaudo. Yo lo hice
por el miedo, porque yo
no soy amigo de chismes.

Infanta

¿Quiere Enrique a la duquesa?

Rey	Como al diablo.
Infanta	Ya estás libre.

(Vanse y salen el Rey y Pompeyo.)

Rey	¿Los hijos de mi hermano toman armas contra mí y solicitan en su ayuda al turco, en cuyas fuerzas se confían, para quitarme el reino?
Pompeyo	Así lo escriben por cartas las espías que allá tienes.
Rey	La crueldad de su padre han heredado, mas no tendrán efecto sus intentos. Llamadme aquí al marqués.
Pompeyo	El marques viene.

(Sale el Marqués.)

Marqués	¿Qué me mandas, señor?
Rey	Lo que os importa. Los hijos de mi hermano vil y aleve vienen con prevenciones contra Italia.
Marqués	¿Con qué intento, señor?
Rey	De ser traidores. Hijo sois de mi hermana y, si faltase el príncipe, tenéis derecho al reino, si aquella dura ley no lo estorbara,

que llaman salia. Pues agora hay cortes,
hablad los grandes y vos, de mi parte
y de la vuestra, les pedid la anulen;
pues con eso quedáis habilitado
y yo descansaré de este cuidado.

Marqués   Bastará que se entienda que es tan justo
para que todos vengan con tu gusto;
y yo beso tus pies por favor tanto.

Rey   No quiera Dios que hereden en Sicilia
nuevos tiranos que su sangre noble
con bárbara crueldad beber desean
y en acechanzas su cuidado emplean.

Pompeyo   El médico, señor, que me mandaste
llamar, está aquí ya.

Rey   D[ecid]le que entre.

(Sale Castaño.)

Rey (Aparte.)   (El diablo a mí me engañó.
¿Yo médico? Si pudiera
ir matando cuantos viera
y curara, pienso yo
    no se llegara a entender
que mis curas son locuras,
que encubren las sepulturas
médicos de mal hacer.
    Alguna extorsión espero;
que está aquí el Marqués.)

Marqués   Señor,

advierte que no es doctor
sino un famoso embustero.

Rey   ¿No eres médico?

Rey   Serví
a un gran médico en Valencia
y heredéle.

Rey   ¿Qué, la ciencia?

Rey   No, sino la mula.

Marqués   ¡Así!
                 ¿Es todo?

Rey   Como entendiste
del príncipe el mal, y yo
vi que en tu consejo halló
el remedio que le diste,
    sin que en otra mano hallase,
aunque lo vieron doctores
de mi casa los mejores,
quien su pena remediase,
    quisiera saber de ti,
¿qué conociste en su mal?

Rey   Vuestra majestad real
sabrá la verdad de mí.
    Dice Esculapio, tratando
de febris...

Marqués   Pues, si él empieza...

Rey	Yo estoy hablando a su alteza.
Marqués	Sí, pero estásle engañando.
Rey	¿Heos mandado yo sangrar,
	estando con resfriado?
	Pues, ¿por qué estáis enojado
	conmigo? Dejadme hablar;
	que parece que tenéis
	algún sobrino doctor.
	Pero, en efecto, señor,
	¿qué es lo que mandar queréis?
Rey	Quisiera me declararas
	qué pasión Carlos encierra,
	qué disgusto le destierra,
	y que tú lo remediaras.
Rey	Según de su mal se arguye
	y su tristeza confiesa,
	Carlos ama a la duquesa.
Marqués	¡Este loco me destruye!
	¿Qué estás diciendo, ignorante?
	Vuestra alteza no le crea.
Rey	Como en sus brazos se vea,
	no irá la fiebre adelante.
Rey (Aparte.)	(Si el de Carlos es amor,
	razón es pena me dé;
	pues en su efecto se ve
	que encierra daño mayor.
	Sin duda que Enrique ha sido

110

la causa de su cuidado.
De esto nace el ser privado,
y su tristeza ha nacido
   de ver la contradicción
que a su amor pone el secreto.
Remedio pide discreto
tan peligrosa ocasión.)
   ¿A quién tal le sucedió?
Esto saber he querido.
Vete.

Rey (Aparte.)   (A curar he venido
gratis. ¿Soy albéitar yo?
   Mas como es la cura corta,
en la paga lo han andado.
Bravo susto le hemos dado
al tal marqués.)

(Vase Castaño.)

Rey   Esto importa.
   Marqués, gusto e interés
hoy mi autoridad espera,
si muere Enrique...

(Sale la Infanta.)

Marqués   Pues muera.

Infanta (Aparte.)   (Que muera dijo el marqués,
   y si como yo sospecho,
es Enrique a quien pretende
matar, a mi vida ofende,
pues él habita en mi pecho.

Llegaré disimulando.)
¿Qué hace tu majestad?

Rey   La causa en tu enfermedad
he estado aquí preguntando.
   Todos dicen que es amor,
y como sé que no ha   sido
de la duquesa, he tenido...

Infanta (Aparte.)   (Declaróse. ¡Ea, favor
     tuyo, Amor, es menester!
A Enrique quiero librar.
Lo que puede, he de mostrar,
amor ingenio y mujer.)
   Señor, el que te ha informado
que de amor mi mal procede,
no haberlo entendido puede,
y es cierto que se ha engañado.
   De causa distinta nace
mi pena.

Rey   Dímelo aquí,
pues ves que mi pena así
a la tuya satisface;
   que niegas que se publique
tu mal.

Infanta   Señor, si porfía
en mí esta melancolía
es porque me cansa Enrique,
   y quisiérale quitar
todo aquello que le he dado;
mas tiéneme con cuidado
ver que me han de murmurar

de liviano, si le quito
lo que le di.

Rey
                    ¿Y esa pena
a tristeza te condena?
En los reyes no hay delito.
   Quítaselos; que si ha sido
ingrato en no darte gusto
que se lo quites es justo
a quien no lo ha merecido.

(Sale Enrique.)

Infanta
   Enrique, el rey, mi señor,
como ve que me he crecido,
me ha hecho un grande favor.
Tente ya por despedido

(Aparte.)
del oficio de ayo. (Amor,
   perdona a la industria mía
hacer tal descortesía.)

Enrique
Beso tus reales pies,
aunque su ayo no es,
quien del príncipe aprendía.

Infanta
   Al marqués, mi primo, espero
honrar más de aquí adelante,
y así que le dejéis quiero
el oficio de almirante.

Enrique
Tu grandeza considero.

Infanta
   Pompeyo criado ha sido
de mi padre. Hale servido

113

bien, y así le [dé] el condado
de Modica.

Enrique   Habéis mostrado
vuestro pecho agradecido.

Infanta   Y hasta que mande otra cosa,
Enrique, no me veáis.

Enrique   Solamente rigurosa
en eso, señor, mostráis
vuestra mano poderosa.
   Honrando al marqués, mi amigo,
con lo que estoy poseyendo,
que me hacéis merced os digo;
mas ya me va pareciendo
no merced, sino castigo;
   que no quedaba agraviado,
señor, en que hubieses dado
a otro título y oficio,
pues era en mi beneficio
por ser tan bien empleado.

Rey (Aparte.)   (No es posible que lo quiera
alma que así lo trató.)
Marqués, Enrique no muera;
que mi sospecha cesó.

(Vase el Rey.)

Marqués (Aparte.)   (Sin la razón lisonjera
   de estado ninguno trate
de medrar, no lo dilate,
si ve la ocasión doblada.)

114

Señor, si Enrique te enfada,
da lugar a que lo mate;
que aun con barruntos ligeros
de que a tu gusto no es,
probó anoche mis aceros.

Infanta (Aparte.)   (¡Su enemigo sois, marqués!
Huélgome de conoceros.)
No soy, primo, tan cruel;
que viva quiero, y a vos
honraros mi pecho fiel,
pero no permita Dios,
primo, que le mate a él.

Marqués (Aparte.)   (Por lo menos voy vengado
de los celos que me ha dado.)

(Vase el Marqués.)

Enrique   Por premio de haber servido,
que me digas, señor, pido
qué culpa en mí has castigado.
¿Qué delito mío da
ocasión a tal rigor,
que me veo ajeno ya
de tan supremo favor?

Infanta   La infanta te lo dirá.

(Vase la Infanta.)

Enrique   ¿Qué es esto, suerte enemiga?
¿Aún niegas que se me diga
la causa de esta mudanza?

¡Ay, mal segura privanza
que a tanto pesar obliga!
  ¿Quién mal de mí dicho habrá?
¿Qué culpas en mí hallaron
que airado el príncipe está?

(Sale Castaño.)

Rey
Las malas nuevas volaron;
todo lo he sabido ya.
  ¿Qué es esto, señor?

Enrique
                              Y en tanta
desdicha, que el mundo espanta,
la infanta, ¿qué ha de decirme?
Matilde, ¿qué ha de advertirme?

Rey
¿Qué «Matilde» ni qué «Infanta»?

Enrique
  Vamos a España, que aquí
toda mi dicha acabó.
Ya no hay esperanza en mí.
Mas, ¿que no he de saber yo
quién me ha descompuesto así?

  Cayó en tierra el edificio.
Presa la infanta se queda.

Rey
Con la grande polvareda
hemos perdido don Juicio.

Enrique
Ni quiero estado ni oficio.
Salir de Sicilia quiero;
veré a la infanta primero.

Rey	Con el furor se enloquece.
(Aparte.)	(Una traza se me ofrece.
	Dar lástima al rey espero.)

Enrique	Niño es Carlos, y unos días

muestra amor y otros enojos.
Inconstantes son sus ojos
para las fortunas mías.
Matilde a estas rejas frías
mercedes me suele hacer.
Fortuna, yo la he de ver;
mas, ¿qué remedio me queda
si están moviendo tu rueda
un niño y una mujer?

(Vase a entrar y sale a una ventana la Infanta de dama.)

Infanta	¡Ah, conde, conde! ¡Almirante!
	¡Enrique!

Enrique	Ya no entendía,

señora, como solía,
por ser «conde». Aunque os espante,
no seré de aquí adelante
sino Enrique solamente.
Ya ha menguado mi corriente;
que el príncipe lo permite
y la Ocasión la remite
a que tu alteza lo cuente.
Bien sé que no le ha ofendido
ni aún con solo un pensamiento,
mi justo agradecimiento.
Jamás he puesto en olvido

lo que me tiene afligido.
¿Es ver que estoy ignorante
de enojo tan importante?

Infanta   No es enojo; es justa ley,
porque quien ha de ser rey,
¿cómo ha de ser almirante?

Enrique   ¿Qué escucho?

Infanta   No está enojado
el príncipe. Antes advierte
que te libró de la muerte
con haberte así tratado.
Vive agora con cuidado,
pues a tal ocasión vienes.
Conoce que amigos tienes,
porque en ocasión estás
que muy presto ceñirás
de la corona tus sienes.
    Di a mi padre que te quiero
y de tal modo te estimo,
que a ser tu esposa me animo
y solo tu gusto espero.

Enrique   Que me atrevo considero
mucho, si esta empresa sigo.

Infanta   Ve, Enrique, y haz lo que digo;
que, pues yo te doy licencia,
importa esta diligencia.

Enrique   Voy, y a tu gusto me obligo.

(Vase Enrique, quítase de la ventana la Infanta, quédase Castaño y salen el Rey
y Pompeyo.)

Rey   Famoso rey de Sicilia,
si suelen las duras peñas,
tal vez del agua abatidas,
quedar blandas y deshechas,
mueva, señor, tu piedad
ver que el dolor y la pena
privan a Enrique de juicio;
conduélate su miseria.
Mira, señor, que es sobrino
del rey de Aragón, y hereda
por muerte del rey Alfonso
mucha mar y mucha tierra.
Danos, señor, un bajel
para que a España se vuelva;
que yo le iré acompañando,
si las lágrimas me dejan.

Rey   Gran fuerza tiene el delito
en pechos donde hay nobleza.
¡Tan impensada mudanza!
No me admiro que lo sienta.

Pompeyo   La duquesa Serafina
viene a verte.

(Sale la Duquesa.)

Rey   ¿La duquesa?

Duquesa   No te parezca, señor,
novedad de esta manera

haber venido a palacio
a traer tan buenas nuevas.
El príncipe, mi señor,
me ha mandado que hiciera
la diligencia que ves.
Tomé a mi cargo esta empresa,
y en fin tengo aquí las firmas
de los grandes, en quien veas
que los dos fueros se anulan
que llaman en esta tierra
de Recaredo; y por paga
te suplico que merezca
el ser del príncipe esposa,
cuyo amor mi fe confiesa.

(Sale Enrique.)

Enrique   Señor, escúchase aparte,
y mis servicios merezcan
des crédito a lo que digo
obligándote mi pena.
Si diste a la astrología
tal crédito, que por ella
a la infanta, mi señora,
tienes en clausura eterna,
no te admire lo que digo;
pues lo que el cielo concierta,
poco importa prevenirlo
nuestra humana diligencia.
Yo, señor, hablo a la infanta
entre la oscura tiniebla
donde está, dándome a ello
el príncipe la licencia.
Ella se quiere casar

conmigo.

Rey (Aparte.) (¡Qué así enajena
el dolor a los sentidos!
¡Qué lastimosa tragedia!)

Enrique En fin la infanta me elige
por dueño de su belleza,
y por otra parte Carlos...

Rey (Aparte.) (¡Qué desatinos que mezcla!)

Enrique Matilde...

Rey (Aparte.) (¡«Matilde» dijo!
¿Si alcanza la grande fuerza
de su locura a este caso?
Mas ya tomo otra sospecha;
que diferente ocasión
la ha dado noticia de ella.)

(Sale el Marqués.)

Marqués Lo que me mandaste hice,
señor, con tal diligencia
que los fueros de Sicilia
dados por injustos quedan.
Por premio, señor, te pido
la mano de la duquesa.

Rey Ella te escucha y responda.

Marqués ¿En palacio? ¡Cosa es nueva!

(Sale la Infanta de dama.)

Infanta   Donde hay amor, no hay quietud.
                 Amor venció la vergüenza;
                 que en semejante ocasión
                 es bien que todo se piedra.
                 Enrique, ¿hablaste a mi padre?

Enrique   Sí, señora.

Infanta   ¿Y qué respuesta
                 te dio?

Enrique   Ninguna me ha dado.
                 Yo quisiera...

Infanta   ¿Qué quisieras?

Enrique   Bella infanta, que aguardaras
                 hasta que el príncipe venga,
                 porque te ayude.

Infanta   Español,
                 con ignorancia discreta,
                 Carlos y Matilde soy.
                 Señor, no admiréis que venga
                 de esta suerte.

Rey   ¿Qué es aquesto?

Infanta   Pues que ya deshecha queda
                 la ley salia,...

Rey   ¡Del amor

son las maravilla éstas!

Infanta   ...no permitáis que más tiempo
engañe a naturaleza.

Rey (Aparte.)   (Rabiando estoy de furor
pero no quiero que vean
que me ha pagado mi industria
con tan rara inobediencia.)
Sobrinos, Matilde es Carlos;
que hasta aquí ha estado encubierta
con nombre de hombre hasta tanto
que hiciese esta diligencia.
Matilde, abraza a tus primos.

Infanta   Sí, haré. Pues es, señor, fuerza
el casarme con Enrique,
te pido a tus pies que sea.

Rey   Con la casa de Aragón
segunda vez se renueva
nuestro parentesco.

Marqués   Y yo
le pido su mano bella
a la duquesa.

Rey   Daos todos
las manos.

Infanta   Enrique, llega.

Duquesa   Con mucho gusto la doy.

Marqués	Con él es bien te obedezca.
Rey	Castaño, señor, te pide perdón de la grande mengua que en tus vasallos ha hecho con sus purgas y recetas.
Rey	Yo te lo doy.
Enrique	Y en mi casa por mi mayordomo queda.
Infanta	Cumpliéronse ya mis dichas. Rey hice a mi esposo; vean amor, ingenio y mujer en su historia verdadera.
	Fin de la comedia

Libros a la carta

A la carta es un servicio especializado para
empresas,
librerías,
bibliotecas,
editoriales
y centros de enseñanza;
y permite confeccionar libros que, por su formato y concepción, sirven a los propósitos más específicos de estas instituciones.

Las empresas nos encargan ediciones personalizadas para marketing editorial o para regalos institucionales. Y los interesados solicitan, a título personal, ediciones antiguas, o no disponibles en el mercado; y las acompañan con notas y comentarios críticos.

Las ediciones tienen como apoyo un libro de estilo con todo tipo de referencias sobre los criterios de tratamiento tipográfico aplicados a nuestros libros que puede ser consultado en Linkgua-ediciones.com.

Linkgua edita por encargo diferentes versiones de una misma obra con distintos tratamientos ortotipográficos (actualizaciones de carácter divulgativo de un clásico, o versiones estrictamente fieles a la edición original de referencia).

Este servicio de ediciones a la carta le permitirá, si usted se dedica a la enseñanza, tener una forma de hacer pública su interpretación de un texto y, sobre una versión digitalizada «base», usted podrá introducir interpretaciones del texto fuente. Es un tópico que los profesores denuncien en clase los desmanes de una edición, o vayan comentando errores de interpretación de un texto y esta es una solución útil a esa necesidad del mundo académico.

Asimismo publicamos de manera sistemática, en un mismo catálogo, tesis doctorales y actas de congresos académicos, que son distribuidas a través de nuestra Web.

El servicio de «libros a la carta» funciona de dos formas.

1. Tenemos un fondo de libros digitalizados que usted puede personalizar en tiradas de al menos cinco ejemplares. Estas personalizaciones pueden ser de todo tipo: añadir notas de clase para uso de un grupo de estudiantes, introducir logos corporativos para uso con fines de marketing empresarial, etc. etc.

2. Buscamos libros descatalogados de otras editoriales y los reeditamos en tiradas cortas a petición de un cliente.